Yves Desvaux Veeska

MANUEL DE SURVIE
POUR L'ARTISTE
DANS L'ÉCONOMIE DE MARCHÉ

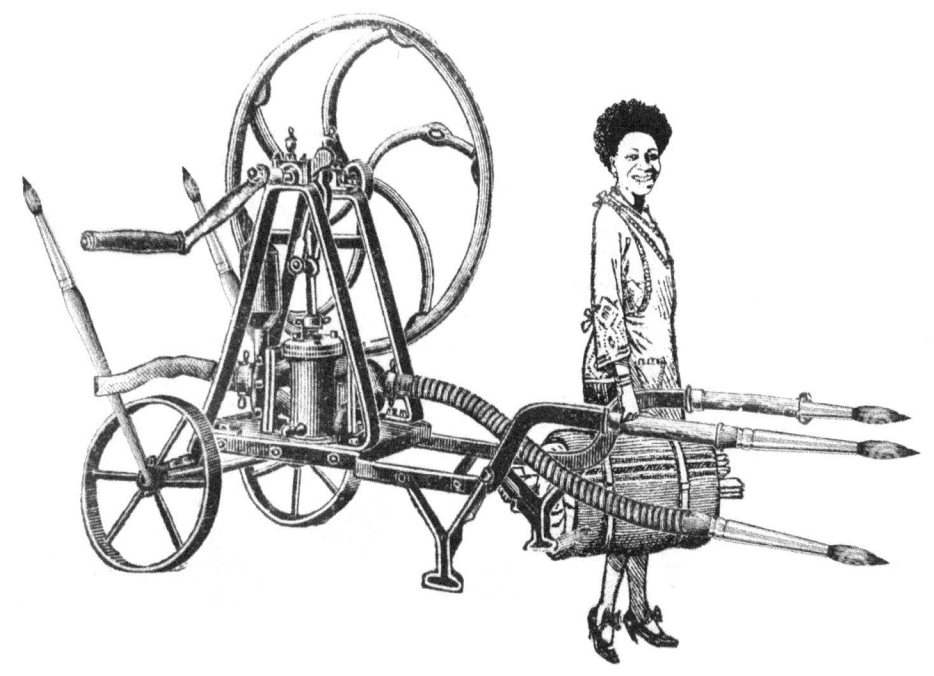

Collection Peindre en liberté — N° 4

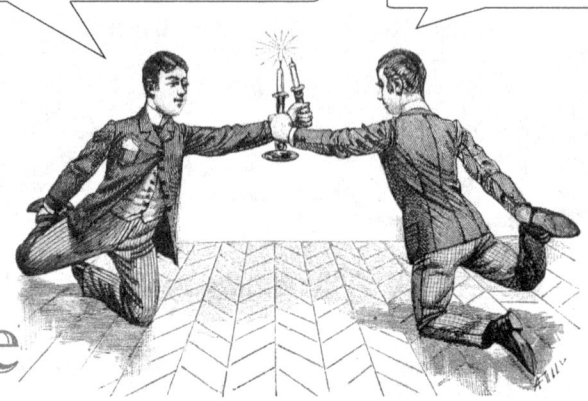

> À l'horizon, ce point où tout, absolument, devient risible : l'existence, la mort, l'humanité, l'amour, l'univers, les fourmis, l'écriture, l'argent, les métiers, les coups, la pensée, la politique. Entre autres choses.

> Sans oublier le rire même, l'amusement, les fous. *

Sommaire

2007	Présentation	3
1989	Ce n'est pas moi qui le dit	4
	De l'art, des gens, de l'argent	5
1990	L'Art Flevoum : l'art contemporain, faites-le vous-même	9
	Pour des Histoires personnelles de la peinture	12
	Location d'artistes à la soirée	13
1991	Profession : Yves Desvaux Veeska	14
	Invitations à Passer à la Postérité	15
	Invitation au cimetière	15
	1ère Invitation à Passer à la postérité : la vie, l'amour, l'argent, la mort	16
	2ème Invitation à Passer à la postérité et à passer à La Garenne-Colombes	18
1992	3ème Invitation à Passer à la postérité : peindre ou ne pas peindre	20
	4ème Invitation à Passer à la postérité : l'Encyclopédyves	22
1993	A cette époque, Yves Desvaux Veeska était encore bien vivant	24
1994	Centre d'Art Contemporain d'Avant-Garde Ultra-Moderne (C.A.C.A.G.U.M.)	25
1996	Association de ratés — Jouez à l'artiste	25
1997	Les Mosaïcones	26
2000	Pas seul au monde pour exposer	30
2001	Le non-beurre, et le non-argent du non-beurre	30
2006	La Fondation Veeska	31
2007	Toutes les transgressions sauf une	32
	Mouches d'art et Marchédlar	32
	Refaire le monde, mais pas trop	33
	Peace & Love & Carré Blanc	34
	Pourquoi de l'art plutôt que rien	36
	Aucune ambition	38
	Portrait de l'artiste dans un paysage économique	39
	Art, argent, travail, et puis quoi encore ?	40
2008/2010	Graines de peinture ?	41
2010	Le Grand Poème Artistique & Commercial	42
	La contemplation sans la possession	43
	Compositeur de peintures	44
1991/2012	Extraits naturels de L'Encyclopédia Veeska	45
2011	Artiste anonyme, sa vie, son œuvre	46
	L'art a un prix. Mais lequel ?	48
	Autant qu'un artiste, semez la terreur autour de vous	50
	Biographie expresse	51
2019	Il ne sait pas partager	52

Yves Desvaux Veeska
23 rue Pasteur
92250 La Garenne-Colombes
(France)
Tél : + 33 6 61 54 46 13
yvesdesvauxveeska@orange.fr
www.veeska.com

Édition : BoD – Books on Demand
12/14 rond-point des Champs-Élysées,
75008 Paris (France)
Impression : BoD - Books on Demand,
Norderstedt, Allemagne
ISBN : 978-2-322-17170-5
Dépôt légal : avril 2019

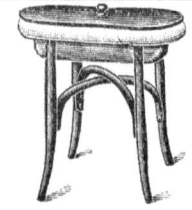

© Yves Desvaux Veeska 2007-2019
10e édition, revue et corrigée (avec indulgence)
1er avril 2019

2013… 2019… etc… La suite sur www.veeska.com

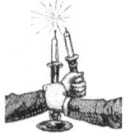

* Roger-Pol Droit, *101 exercices de philosophie quotidienne*, 2000.

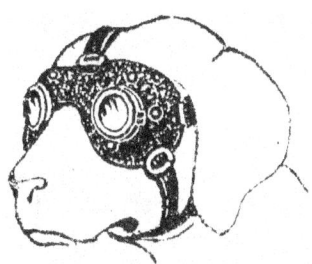

Ce manuel ne vous permettra pas de devenir riche et célèbre (si ça vous arrivait, vous seriez en droit de faire une réclamation). Mais il vous donnera des idées pour vivre gaiement votre vie d'artiste.

Je l'ai appelé « Manuel de survie » parce que je n'ai pas osé l'appeler « Intellectuel de survie ». Je crois d'ailleurs que ça ne se dit pas.

Il est composé de textes composés ici et là depuis 1989, soit deux cents ans après la Révolution Française mais c'est un hasard. Et de citations d'artistes ou de critiques qui m'ont permis de me sentir moins seul dans mes propos.

Certains textes ont été écrits pour des expositions. Ils sont hérissés de piques très très méchantes contre « le système », décochées en prenant tous les risques, notamment celui du ridicule.

D'autres textes m'ont servi à vendre beaucoup de peintures sans le faire exprès, et je vous décris comment.

J'ai beaucoup pratiqué l'auto-ironie, car on n'est jamais si bien moqué que par soi-même : ça fait rire au lieu de faire mal.

Vous trouverez aussi dans ce recueil des procédés que j'ai utilisés pour produire des peintures sur commande. J'y indique avec précision ce que j'acceptais que l'on me commande pour ne pas être trop commandé quand même. Comme ça a marché, vous pouvez essayer d'adapter mes recettes.

Enfin, j'ai parfois usé de démagogie, de complaisance, de calcul sordide pour rester à flot, et c'est toujours ce qui m'a le moins rapporté, aussi bien financièrement que humainement. Seule mon honnêteté a payé, et encore pas toujours. Alors voilà comment je suis devenu un artiste honnête, qui survit depuis 44 ans dans l'économie de marché, à votre service.

Une dernière précision : les propositions de ce manuel de survie ne sont pas transposables dans les pays suivants : Corée du Nord, Irak, États-Unis, Afghanistan, Bolivie, Chine, Soudan, Monaco, îles Caïman, Turkménistan, Russie… Liste non exhaustive.

Mais en France, pour quelques années encore, peut-être.

Yves Desvaux Veeska
09-2007

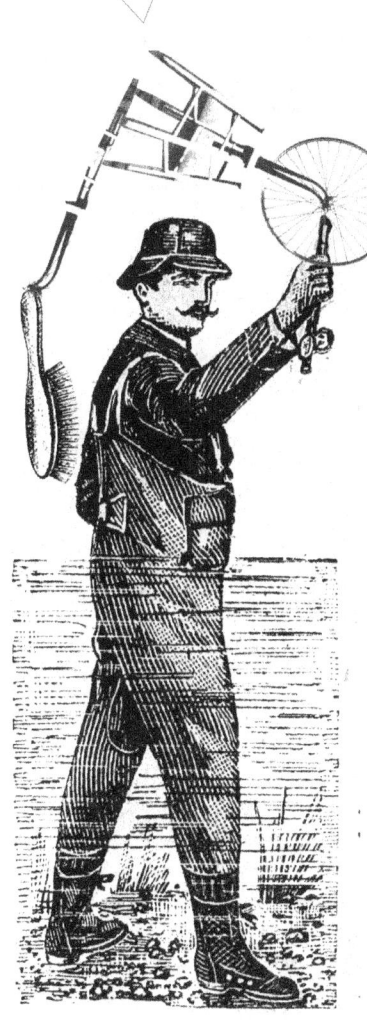

Démagogie, calcul, complaisance...

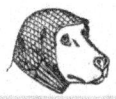

CE N'EST PAS MOI QUI LE DIT :

À Paris, on a perdu toute son éducation, toute sa politesse, sa finesse, tout son esprit, il ne reste plus que l'intelligence des affaires.

Marguerite Duras (1914-1996) *La vie matérielle.*

♦

J'ai rencontré des Tibétains qui proclamaient hautement que ceux qui les payaient [pour les corvées obligatoires au service des voyageurs importants] étaient de vulgaires petites gens ne méritant aucune considération. Les personnalités de marque, au contraire, bien loin de les payer, exigeaient des cadeaux, des vivres et leurs domestiques battaient ceux qui ne se hâtaient pas d'en fournir. C'est à cette conduite, disaient-ils, que l'on reconnaissait les gens dignes de respect.

Alexandra David-Néel (1868-1969)
Au pays des brigands gentilshommes.

♦

Le business est la forme la plus haute de l'art. L'art des affaires est l'étape qui suit les affaires de l'art..

...

Regardez bien la surface de mes tableaux : il n'y a rien derrière.

...

Un jour, les musées seront des boutiques et les boutiques seront des musées.

Andy Warhol (1928-1987)

♦

Andy Warhol ? Il n'aurait pas existé sans mes films. Ses toiles valaient 500 $ en 1965. Aujourd'hui, elles en valent des millions. Vous croyez qu'elles sont devenues meilleures ? Non. Elles ont pris de la valeur parce que le nom d'Andy Warhol en a pris.

Paul Morrissey, cinéaste, TéléObs 26/10/02

♦

Robert Rauschenberg s'installa en 1986 à une sortie de métro sur la Cinquième avenue en y présentant ses gouaches **au prix de 10 $! Il n'en vendit pas une seule,** alors que, chez Sonnabend, signées, elles en valaient à l'époque 10000…

Pierre Stercks, dans Beaux-Arts 04-2006

♦

Le tourisme favorise **le développement industriel d'une production artistique à fonction décorative.** Il y a des hôtels de 800 chambres avec, à chaque étage, 4 grands tableaux abstraits dans le genre pseudo Rothko.

Yves Michaud, philosophe, auteur de *L'art à l'état gazeux,* dans Beaux-Arts magazine 12-2006.

♦

Si le Congrès américain votait subitement une loi supprimant les avantages fiscaux accordés aux donateurs, le marché de la peinture connaîtrait un **krach désastreux.**

Jean Gimpel.

♦

Si l'Aârt contemporain nous emmerde puissamment (…), c'est d'abord parce qu'il n'a pas commencé à faire l'expérience de la *gravité* (masse et poids) d'une histoire ou d'une vie. Abstrait ou pas, matériologique ou illusionniste, ramasse-crottin du tout ou poche à vide, il flotte, misérablement, et vite s'évanouit sans laisser de traces autres que ces blocs ici-bas chus du désastre obscur de ce siècle : une boîte de soupe cabossée, là un urinoir, plus loin un barbouillis enfantin où passe fugitivement une ombre, un fantôme, une figure qui ne s'est pas donné le temps (coupables impatients !) de vouloir le temps, la dimension sans fond du temps.

Jacques Henric, à propos du livre de Denis Hollier
François Rouan, La figure et le fond, Art Press 01/93.

L'art contemporain ne restitue plus à la société que ses lacunes.

...

L'art a pris le masque d'une sorte de délinquance autorisée, de marginalité conformiste.

...

Le secret vide et les artifices employés pour dissimuler ce qui n'existe pas. L'art ramené au niveau d'un analphabétisme pompeux, d'une culture dégénérée au point de se nourrir de ses propres déchets. Le rien à l'œuvre et sa mainmise sur l'art où il veut rendre sa nullité présente.

...

Sans doute un manque profond de personnalité peut-il seul déterminer de tels appétits d'exhibitionnisme, axés sur les extravagances pathologiques de la conscience, signes individuels du déclin collectif de l'intelligence.

Jean Revol, *Art de débiles, débiles de l'art.*

♦

Achille Bonito-Oliva.

Le XXe siècle restera plus par ses concepts que par ses œuvres

♦

Tels sont les inconvénients de l'esprit commercial. Les intelligences se rétrécissent, l'élévation d'esprit devient impossible. L'instruction est méprisée ou du moins négligée et il s'en faut de peu que l'esprit d'héroïsme ne s'éloigne tout à fait. Il importerait hautement de réfléchir au moyen de remédier à ces défauts.

Adam Smith (1723-1790), économiste et philosophe écossais *Lectures on Justice, Police, Revenues and Arms.*

♦

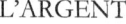

Je l'admirais. Tout l'Occident était là, dans cette hypocrisie extatique pour un veule barbouillage où il fallait voir du génie. Ce mensonge partagé était leur contrat social, leur mot de passe mondain, **leur non-conformisme bien-pensant.**

Andreï Makine, *Requiem pour l'Est*

♦

Il y a ceux qui veulent habiter le monde de l'art, et il y a ceux que l'art habite.

Éric Troncy, critique d'art, 2006

♦

L'ARGENT

Il peut acheter une maison, mais pas un foyer
Il peut acheter un lit, mais pas le sommeil
Il peut acheter une horloge, mais pas le temps
Il peut acheter un livre, mais pas la connaissance
Il peut acheter une position, mais pas le respect
Il peut payer le médecin, mais pas la santé
Il peut acheter du sang, mais pas la vie
Il peut acheter du sexe, mais pas l'amour

Poème chinois.

Décembre 1989. Invitation à une « Liquidation Totale » de toutes mes peintures

De l'art, des gens, de l'argent.

Tout ce que vous avez toujours voulu savoir sur le prix de l'art sans jamais oser le demander

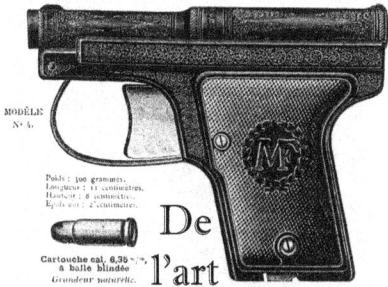

301 MILLIONS DE FRANCS
C'est le record atteint par "Yo, Picasso", autoportrait de 1901, le 9 mai 1989. Pour qui aime Picasso, ce tableau est de second ordre. Mais son pedigree est en revanche sans tache : il est non seulement de Picasso, mais certifié comme tel par un expert et présent dans le catalogue raisonné de l'oeuvre du Maître; il a figuré dans des collections prestigieuses et d'importantes expositions. Un vrai Picasso qui aurait été égaré juste après son exécution, retrouvé aujourd'hui mais sans "état-civil" n'aurait qu'une valeur marchande dérisoire. A moins qu'un expert pour des raisons n'appartenant qu'à lui n'en décide autrement.

COMMENT INVENTER UN ARTISTE CONTEMPORAIN
(D'après Hans Haacke)
Soit deux frères -les Saatchi-, à la tête d'un des premiers groupes mondiaux de publicité et de relations publiques, influents dans la presse et mécènes de musées. Ils choisissent un artiste quelconque, par exemple Schnabel, dont ils s'assurent l'exclusivité. A des "mécènes" aussi puissants, on ne refuse pas une exposition dans une institution de prestige (Centre Pompidou, M.O.M.A., Tate Gallery...). La presse spécialisée n'a pas besoin d'être sollicitée, elle accourt : autour du pouvoir, critiques, galeristes, conservateurs, acheteurs se pressent toujours. Ainsi, deux entrepreneurs peuvent décider de ce qui est l'art contemporain et de ce qui ne l'est pas. Et battre monnaie avec des oeuvres dont ils inventent totalement la valeur.

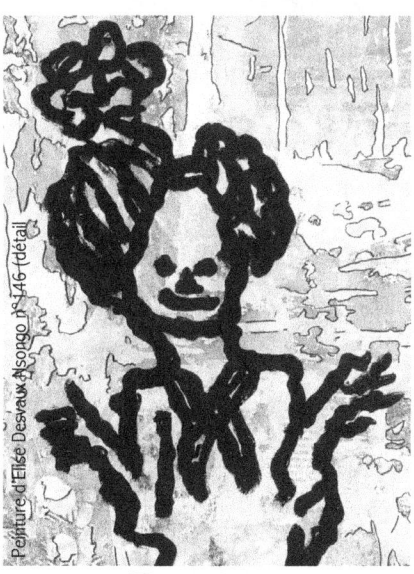

ARTISTES INTERNATIONAUX CONTRE ARTISTES INTERBANLIEUSARDS
Quoiqu'il fasse, l'artiste international soutenu par une galerie et un critique de poids existera : on parlera de lui, mieux encore on polémiquera sur lui, on regardera tout simplement son travail. L'artiste interbanlieusard déplacera quelques amis à condition de leur payer à boire, mais il ne lira jamais rien ni en bien ni en mal sur ce qu'il fait : le moindre critique d'art minuscule recevant cinq invitations à des vernissages par jour n'ira qu'à ceux où il espèrera rencontrer du fretin moins menu que lui.

COMMENT SE FAIRE UNE COTE
Pour exister sur le marché, on vous dit qu'il faut être coté dans un guide officiel. Comment y parvenir ? L'artiste interbanlieusard sollicite un commissaire-priseur pour faire passer une œuvre aux enchères. Après lui avoir demandé un prix de réserve en dessous duquel l'œuvre ne devra pas être vendue, on lui recommande d'amener des acheteurs. Si l'artiste veut être coté par exemple 5000 francs pour tel format, il suffit de faire enchérir deux amis jusqu'à ce prix ; puis de leur donner de quoi régler leur achat factice, plus les frais. Le commissaire-priseur règle à son tour le montant de la vente moins sa commission et la cote est faite. Si l'artiste oublie d'amener des acheteurs en espérant en trouver sur place, qu'il consente alors à vendre un peu en dessous du prix de la matière première (comme châssis toilé usagé)

TOUT LE CONTRAIRE DE LA CAISSE D'ÉPARGNE
Si vous faites partie de l'infime minorité des gens qui achètent des tableaux pour se faire plaisir selon des critères strictement personnels et incommunicables, sachez tout de même qu'ils n'ont aucune valeur négociable : vous ne tireriez pas deux

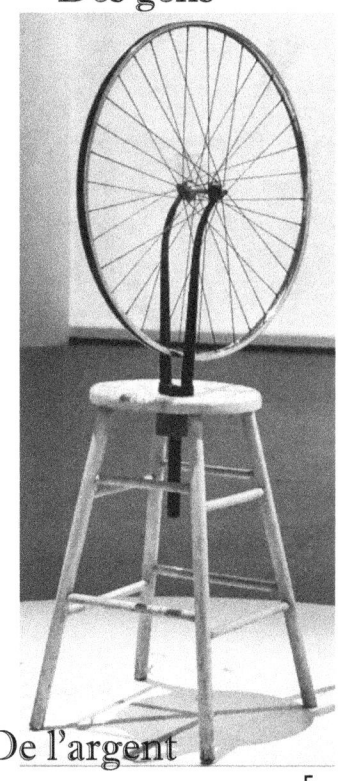

cents francs d'une oeuvre achetée 5000. S'il s'agit d'un artiste peu connu mais cornaqué par une petite galerie établie, vous pouvez espérer, sur une acquisition à 5000, faire 1500 francs aux enchères. D'un artiste très connu représenté par une grande galerie, un achat à 50000 peut faire 25-30000 aux enchères. Seules les superstars peuvent faire autant ou mieux à l'hôtel des ventes qu'en galerie, surtout après leur mort. Il faut aussi être averti des grandes expos qui relancent des cotes : à la fin des années 80, l'abstraction des années 50 a fait l'objet de manifestations médiatiquement réussies, et des "has been" achetés au prix fort en leur temps, invendables dans les années 70, sont revenus en force. Sur le long terme, les variations de cote sont absolument imprévisibles : l'équivalent en tarif d'un Warhol ou d'un Schnabel actuels, des peintres du XIXe comme Bierstadt, Bargue, sont redescendus en 2e division aujourd'hui. Il y a aussi ce client, hésitant à la fin du siècle dernier entre un artiste coté de ce temps et un Van Gogh alors inconnu ; le marchand le conseillait : si c'est pour le plaisir, choisissez le Van Gogh, si c'est pour un placement, prenez l'autre. Les marchands ne peuvent pas tout, tout le temps. Avec tous ces aléas, pour évaluer la valeur financière (donc artistique ?) d'une œuvre contemporaine, il faut aussi prendre en compte la puissance du pays d'origine : actuellement les États-Unis (Pollock, Jasper Johns, Warhol, de Kooning, Stella, Koons...) Demain, les grands artistes officiels viendront aussi des puissances économiques émergentes, quand leurs milliardaires feront leur poussée de fièvre nationale, comme les américains après la seconde guerre mondiale.

UN ARTISTE N'EXISTE PAS

en tant que tel, mais c'est l'articulation pouvoir-musée-collectionneurs-critiques qui le fait (ou non) exister. La plupart des œuvres actuelles n'ont pas d'existence autonome : sorties du musée, sans commentaire ni écho médiatique, elles deviennent invisibles. C'est de la magie quand elles sont reconnues, c'est rien du tout autrement. Mais ce n'est pas l'artiste qui décide. L'artiste occidental a le droit de tout faire mais aussi que personne ne le sache.

MARCEL DUCHAMP EST ENCORE LE GOUROU INDÉPASSÉ DE LA NOMENKLATURA ARTISTIQUE ACTUELLE

Inconnu du grand public, cet artiste est considéré par les professionnels comme aussi important que Picasso. Si Pablo est le démiurge de la révolution esthétique du XXe siècle, Marcel est celui de la révolution conceptuelle qui ne remet pas en cause les seules formes de l'art, mais son sens, sa définition même. En exposant un urinoir signé, proposé comme sculpture dans un salon d'avant-garde du début du siècle, il a montré pour la première fois qu'au-delà de tous les bouleversements esthétiques, la réalité artistique dépend non de l'objet mais du regard posé dessus, et du statut que la société est disposée à lui conférer. Ce geste a été le déclencheur de tous les mouvements d'apparence les plus déstabilisants de l'art actuel (conceptuel, minimal, arte povera, land art, body art...) totalement hermétiques au non spécialiste, et où les idées fortes côtoient les procédés éculés sans qu'on arrive toujours à les départager. Depuis Duchamp, tout est possible ? Tout peut être de l'art, il suffit de le dire ? Même une croûte exécutée par un tâcheron de la place du Tertre ? Même une peinture d'Yves Desvaux Veeska ? Non, bien sûr. Pour acquérir ce statut, il faut la reconnaissance du milieu de l'art. « Le grand ennemi de l'art, c'est le bon goût » disait Duchamp. Et il est devenu le représentant du bon goût actuel.

DU "READY-MADE" AU "DO-IT-YOURSELF"

Après son urinoir, Marcel Duchamp a continué à proposer d'autres objets tout faits, simplement achetés en quincaillerie, comme œuvres d'art : ce qu'on appelle les "Ready-made". Ainsi une pelle à neige, une roue de bicyclette, un porte-bouteilles, un portemanteau sont devenus des objets d'art inattaquables, dûment répertoriés dans les musées et les histoires de l'art.

Par l'enseignement que j'invente dans mes cours et mes stages, une quantité phénoménale de peintures originales ont vu le jour, qui n'auraient pas existé sans moi. J'ai dépassé Duchamp et ses "Ready-made" avec ce formidable concept du "Do-it-yourself", mais personne n'est au courant. Je ne suis pas le seul à être victime de cet ostracisme : il vous est certainement arrivé de faire de l'art conceptuel comme Marcel (et ses innombrables rejetons) sans que personne ne le

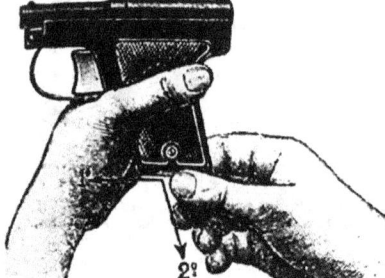

Le grand ennemi de l'art

C'est le bon goût

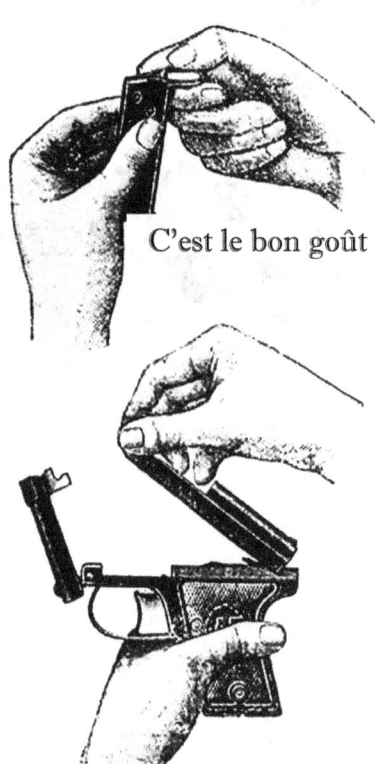

Qui a dit : « Le grand ennemi de l'art, c'est le bon goût » ?
- Marcel Duchamp ?
- Louis Vuitton ?

sache, pas même vous. L'art conceptuel, dans ses lassantes, frustrantes et orwelliennes variations et redites, n'existe finalement qu'avec l'approbation de la Nomenklatura, tout en se piquant parfois de la nier. Je propose une minute de silence au profit des artistes conceptuels inconnus qui n'ont pas compris que les institutions artistiques sont seules habilitées à consacrer la pertinence des pratiques anti-institutionnelles.

Autre limite du Ready-made : si au lieu d'un modeste urinoir, Duchamp avait signé et introduit sur le marché comme œuvres d'art un lotissement de maisons Bouyghes, une gamme de B.M.W ? Plus fort encore, lancé une O.P.A., commis un crime de sang ? Ou comment la réflexion sur le concept d'art, sur le tout-est-il-donc-possible, se heurte bien durement à des bornes fiscales, économiques, légales, morales, etc...

DES SOUS, DES DESSOUS
Toutes les provocations et les remises en question les plus féroces qu'a connu l'art contemporain ont fini dans des musées super clean avec des commentaires pédagogiques, nouveaux catéchismes d'une nouvelle religion ; et dans des galeries hyper chics où il n'est question que de gros sous, mais avec les ficelles habituelles du commerce de luxe : peu d'objets exposés, pas de prix affiché... Et la piétaille des artistes inconnus tente d'imiter les apparences de ce commerce, sans comprendre et bien sûr sans succès.

LE MARCHÉ DE L'ART EST UNE TRANCHE NAPOLITAINE...
Dans le premier parfum, vous avez une cinquantaine de grands artistes internationaux (c'est-à-dire d'abord américains, ensuite européens, et quelques japonais ; bientôt chinois, russes et indiens). Les caractéristiques généralement nécessaires pour être admis dans ce cénacle : gigantisme des œuvres « quand on ne sait pas faire grand, on fait immense » écrivait Zola à propos des peintres pompiers ; identification aisée (procédés stylistiques qu'on retrouve tout le temps : emballages, ou rayures, ou pots de fleurs rouges, etc...) ; hermétisme du commentaire (formules sacrées des sorciers).

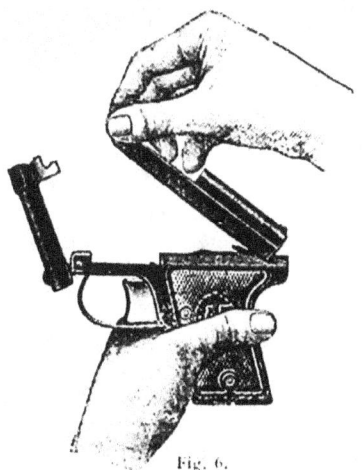
Fig. 6.
Pour démonter le pistolet.

Gonzales-Torres, avec son rideau de perles en plastiques adjugé 1,6 millions de $ au mois de novembre dernier chez Christie's a carrément frôlé Marcel Duchamp dont Sotheby's, un an plus tôt, proposait **le dernier urinoir en mains privées**

Beaux-Arts magazine,
mars 2001

En dessous de cet olympe crémeux et glacé, des galeries nouvelles venues accrochent leurs petits wagons de marchandises pour promouvoir le même genre d'artistes en sous-marques, avec toujours l'espoir d'accéder à la tranche supérieure. Encore en dessous, on trouve quantité de galeries qui proposent des épigones tardifs, tiédis et un peu fondus, de tous les mouvements artistiques du siècle; celles aussi qui tiennent boutique avec les fonds de tiroir des grands noms.

... ET AU-DELÀ DE CET UNIVERS GLACÉ, IL N'Y A RIEN
Rien, sauf les pièges à artistes : les pseudo-galeries qui se contentent de louer leurs murs, vivant de la naïveté narcissique des peintres qui singent une vraie exposition qu'eux seuls, ou presque, verront. Les lieux publics, culturels ou commerciaux (MJC, banques, hôtels...) où l'on se persuade d'aider les artistes en leur faisant faire, avec leurs tableaux, de la décoration et de l'animation gratuites. Quand on ne leur demande pas, en plus, de payer pour faire ce travail.

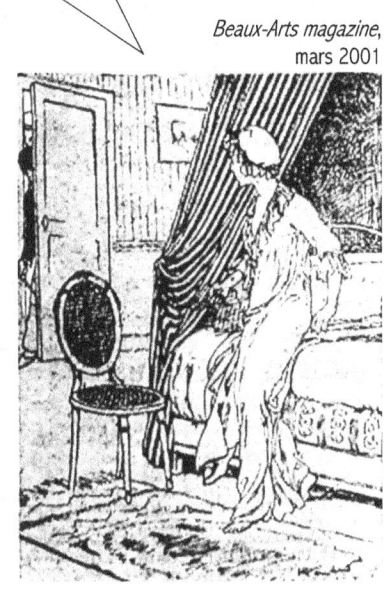

QUAND ON EST MALADE
Tout ce que j'écris là n'est pas nouveau, c'est même bien connu du monde de l'art qui se raconte toutefois les choses d'une manière plus élégante. Comme je l'ai lu dans "Beaux-Arts magazine", acquérir directement une œuvre chez un artiste, c'est courir le risque de tomber sur des œuvres refusées par manque de travail, de qualité et de rigueur. Qui est juge ? Le marchand. Quel intérêt défend t-il ? Écoutez le grand marchand Pierre Nahon : «- Quand on est malade, on va chez le médecin ; quand on veut acheter une œuvre d'art, on va chez le marchand. » En raccourci, je traduis : quand on est malade (jugement personnel affaibli), on va chez le marchand. Mais je n'ai rien compris : en achetant chez le marchand, vous aurez une œuvre cotée, reconnue par le milieu. Elle aura de la valeur car vous l'aurez payée cher et la qualité de votre jugement pourra être évaluée en devises convertibles. Car au-delà de tous les débats de haute volée sur l'art, après le vertige des idées pures, il se trouve toujours un surveillant général pour siffler la fin de la récréation: d'un côté, l'art "de qualité". De l'autre, les ringards. C'est vrai qu'on trouve de la ringardise à plaisir hors du marché. Parce que la nullité qui se

trouve en galerie arrive à se dissimuler sous la distanciation, dans la classe des espaces d'exposition, par les bonnes manières de la bonne société branchée sur les même "private joke", par les rideaux de fumée de la critique absconse. On dit que la simplicité déshabille l'intelligence : j'en déduis que le milieu de l'art est souvent pudibond.

ÇA NE VOUS FAIT RIEN DE VOUS SÉPARER DE VOS TABLEAUX

Plus un artiste vend de peintures, plus il peut en peindre, puisque dans le cas contraire il est contraint de trouver une autre occupation pour gagner sa vie. Un peintre aime vendre, parce qu'il préfère la peinture qu'il va pouvoir faire à celle qu'il a déjà faite. Et vendre une peinture, c'est aussi lui donner une deuxième vie : la première c'est d'être faite, la deuxième d'être regardée et possédée. Et vendre à un prix sans prestige ? « Un vrai amateur doit mettre le prix… Ça doit lui coûter, représenter un effort… » Tout cela est un jeu. Vendre à n'importe quel prix aussi, auquel on joue quand le temps presse. Un peintre qui n'est connu que de lui-même doit savoir que sa valeur marchande est nulle, de l'ordre de l'estampe à touriste en vente sur les trottoirs. Quant à sa valeur artistique, elle est laissée à l'appréciation pure et simple de celui qui regarde. L'acheteur informé se fie à son critique favori, le néophyte se réfère à quelque forme de peinture déjà connue, ou au thème du tableau sans s'occuper de sa picturalité. Ou se laisse toucher sans intermédiaire, presque sans intermédiaire. L'acheteur et le peintre inconnus sont des personnalités du même type : des personnes qui y croient, créatives, joueuses.

L'ART EST LA NOUVELLE RELIGION

Avec sa Bible (l'histoire de l'art), ses catéchismes (les catalogues de plus en plus obèses des musées), ses processions (aux grandes expositions), ses saints et ses martyrs (la Vie Passionnée de Vincent Van Gogh), ses mythes (l'artiste maudit créant dans la douleur), ses ventes d'indulgences (le mécénat culturel), ses cathédrales (chaque ville veut aujourd'hui sont musée d'art contemporain), ses clercs (critiques, conservateurs de musée…), et tous les habituels jeux et mécanismes de pouvoir. Il existe des milliers d'artistes professionnels (le bas-clergé), des millions d'artistes amateurs (les fidèles pratiquants), et seulement quelques grands prêtres vers lesquels convergent les millions de dollars que brasse le marché de l'art.

ET POURTANT J'AIME LA PEINTURE

En faire, en parler, l'enseigner. Pour conserver cette possibilité de travailler librement, en-dehors des institutions et des règles de jeu systématiquement défavorables aux francs-tireurs, j'ai choisi de disperser à n'importe quel prix toutes mes peintures. Pas d'accrochage, pas de vernissage, pas de cocktail pour faire semblant (mais vous pouvez apporter à boire ou à manger) : le bradage, le direct-usine. Après Marcel Duchamp, Edouard Leclerc.

Dürer troquait des dessins contre quelques dizaines d'huîtres ; les peintres de genre flamands du XVIe siècle vendaient leurs toiles sur les marchés ; Vermeer a été contraint de mettre des toiles en gage chez le boulanger ; Frans Hals dut solliciter de la municipalité de Haarlem quelques seaux de charbon ; Uccello refusait d'achever une fresque si on ne lui donnait pas autre chose que du fromage à manger ; Poussin a consacré des heures à la recherche de gants, d'odeurs, de savonnettes pour son protecteur Chantelou ; Guardi proposait ses "Caprices" place Saint-Marc à la terrasse du café Florian, etc… (anecdotes empruntées à Maurice Rheims). Je me fais mon cinéma, et je vous y invite, en m'imaginant que cette braderie fera aussi une belle anecdote où chacun pourra dire, en plus: - J'y étais.

> *Pour le resituer, ce texte a été écrit en juin 89 dans le contexte particulier d'une période très spéculative (la presse disait les "années-fric") mais aussi à la suite d'échecs personnels d'ailleurs mérités. Je l'avais envoyé à une revue artistique contestataire de l'époque, Artension. Accueilli avec chaleur par la correspondante parisienne du journal, il a finalement été refusé par son directeur. Motif du refus : Artension n'avait pas la vocation d'être un brûlot et de se mettre tout le monde à dos. En ce qui me concerne, je dois avouer que ce "brûlot" anti-fric m'a finalement fait vendre et rapporté de l'argent plus qu'aucune autre exposition depuis. À chacun de faire ce qu'il veut de cette constatation.*

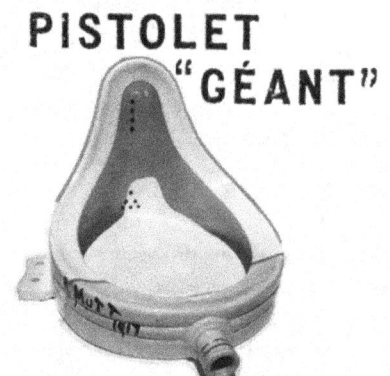

HORS CONCOURS
EXPOSITIONS
Saint-Louis 1904 — Liège 1905
Milan 1906 — Londres 1908 — Bruxelles 1910
Buenos-Aires 1910 — Vienne 1910
Turin 1911 — Gand 1913

PISTOLET "GÉANT"

POUR TIRER LES ARTIFICES

S'INVESTIR

Selon le porte-parole de la galerie londonienne White Cube, l'œuvre de l'artiste britannique Damien Hirst présentée en juin à la galerie – le moulage d'un crâne humain parsemé de 8000 diamants - aurait été vendu 100 M $ à un groupe d'investisseurs, qui a requis l'anonymat. Ce sacré coup de pub pour la cote de l'artiste serait, selon certains observateurs, une intox. *The Art Newspaper* laisse entendre qu'un rabais de 24 M $ aurait été consenti. Quant au groupe d'investisseurs, il comprendrait – selon le *New York Times* – le marchand, l'artiste lui-même et son business manager. Comme quoi, on n'est jamais mieux servi que par soi-même.

Beaux-Arts magazine
septembre 2007

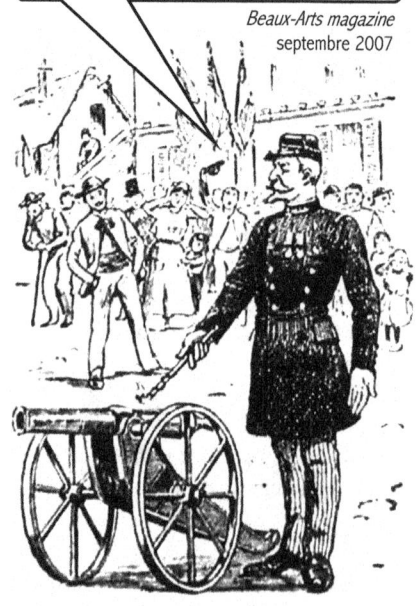

Février 1990

L'art contemporain Faites-le vous-même

L'art contemporain, faites-le vous-même.

CENTIMAÎTRES À PENSER

Autant que la Renaissance, le XXe siècle aura été (surtout à son début) un immense chantier artistique, renouvelant toutes les formes et les idées qui avaient cours depuis six siècles. Tous ces horizons nouveaux de la pensée et du sensible auront été chaque fois, cependant, soigneusement clôturés par les critiques, les experts, les conservateurs, les marchands, pour qu'ils puissent installer leurs péages, leurs sens interdits et leurs sens obligatoires : « voilà ce qui est moderne et ce qui ne l'est pas, ce qu'il faut montrer et ce qu'il faut cacher, ce qui vaut cher et ce qui ne vaut rien. »

Avec le renouvellement des générations, les obligations et les interdits du goût changent ; mais il est temps pour les artistes, les amateurs et tous ceux qu'attirent l'aventure artistique, de se débarrasser des centimaîtres à penser, pour enfin regarder et faire sans rechercher l'assentiment des « instances de légitimation ».

OFFICIELLEMENT DIGNES D'INTÉRÊT

L'art contemporain se caractérise souvent par un bouleversement conceptuel dont la traduction matérielle est facile à imiter : un *Ready-made,* un monochrome ; mais aussi un Braque, un Kandinsky, un Mondrian, un Pollock, un Sigmar Polke, un Basquiat. Enseignant la peinture depuis douze ans en m'inspirant partiellement de la pédagogie du Bauhaus, je suis assez régulièrement touché par des peintures de mes élèves autant que par celle des maîtres (Klee, Kandinsky ...) donnés pour modèle. Remarque valable pour d'autres genres de peintures : Dubuffet, Sam Francis ... et combien d'autres. Des amateurs, anonymes autant que moi, dont les œuvres parfois me captivent comme d'autres œuvres *officiellement* dignes d'intérêt.

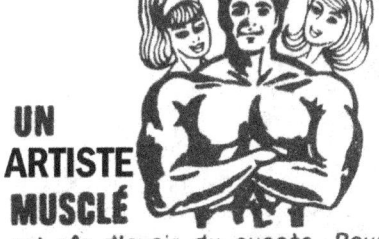

UN ARTISTE MUSCLÉ est sûr d'avoir du succès. Pour donner un aspect impressionnant à votre musculature, complétez vos exercices physiques par des massages avec la crème Art Flevoum . Contient des extraits de muscles, de thymus, de plantes-camphre, ainsi que des corps gras qui accentuent l'impression de relief de vos muscles. Préparé en laboratoire sous contrôle pharmaceutique.
☐ Crème Art Flevoum, 1 pot ... F 39,80
.... 2 pots ... F 69,80

Car à côté de ces émotions bien réelles, j'observe cette folie actuelle des expositions supermédiatisées, ce marché de l'art dont les vrais amateurs sont en passe d'être évincés par les purs financiers, pour imposer au public des artistes inégaux, parfois puissants et parfois creux dont la réputation et la cote s'enflent hors de tout critère artistique. Des expressionnistes divers, des abstraits géométriques, des minimalistes ou des graffitistes sont exposés à l'étonnement des foules, à la glose des critiques, à la frénésie des enchères, sans que leurs œuvres se distinguent franchement de celles que je vois presque tous les jours se faire sous mes yeux dans les cours et les stages que j'anime. Les meilleurs et les pires sont parfois stars et parfois inconnus, mais tout est mélangé.

LES NUS BOURGEOIS ET ÉPILÉS

L'art contemporain tel qu'il a été inventé au début du siècle par Picasso, Duchamp, Dada, Malevitch, Kandinsky, Mondrian, Schwitters, etc, nous enseigne deux notions principales: d'abord l'autonomie possible de l'œuvre d'art qui peut exister sans se référer à autre chose qu'à elle-même. Ensuite que c'est le regardeur qui fait le tableau autant que l'artiste, pour le meilleur et pour le pire. Aujourd'hui un urinoir de Duchamp ou les graffitis de Keith Haring; hier les nus bourgeois et épilés de Bouguereau.

Mais si ces deux notions sont du domaine de l'art, il en existe une troisième qui les parasite : la logique institutionnelle et marchande, avec les manipulations qu'elle exige. Deux anecdotes : quand le Centre Pompidou a acquis, pour quelques millions de francs, deux Mondrian, un expert facétieux a déclaré qu'il s'agissait de faux, d'autres soutenant leur authenticité. Mais comment savoir ? Puisqu'il s'agit d'une forme de peinture dont l'exécution est rigoureusement simple, et donc reproductible. Deuxième anecdote : une peinture considérée comme "de l'atelier de Raphaël", accrochée sans éclat dans un château campagnard, est découverte inopinément par un expert qui la déclare de la main même du maître : aussitôt, cette œuvre qui n'était regardée que distraitement devient un objet vénéré.

L'AURA ?

Ces deux anecdotes nous posent la question de *l'aura* de l'oeuvre d'art dans deux cas de figure opposés (l'un où le *peint* est absent, l'autre où il est déterminant : peut-on soutenir que l'aura d'une œuvre réside en elle-même, où est-elle seulement dans son commentaire ? Cette question n'est pas inutile car d'elle dépend le prix -artistique, donc financier, l'un interférant malgré nous sur l'autre- qu'on accorde aux œuvres. Si l'aura d'une oeuvre dépend de l'opinion de tel ou tel expert, il n'y a plus d'aura. Tout au plus une garantie institutionnelle qui veut se substituer à notre propre jugement.

L'AURA PAS

Si l'un de mes élèves exécute une peinture d'après Kandinsky qui me touche autant qu'une vraie, la valeur artistique de Kandinsky n'en souffre pas, mais sa valeur marchande apparaît étrangère et parasite. C'est un détournement de l'esprit de Kandinsky qui n'en tire ni un kopeck ni un cent, au profit de ceux qui vivent sur sa dépouille. Du spirituel dans l'art, ou du spirituel dans le marché de l'art ?

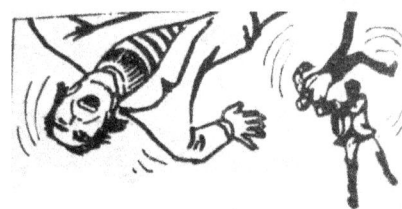

LES SECRETS DE L'ART CONTEMPORAIN révélés par Yves Desvaux Veeska
Apprenez à vous servir de vos bras, mains, pieds comme des armes terribles contre toute nomenklatura artistique. Méthode de self-défense clairement expliquée et illustrée, à la portée des débutants. Peut se pratiquer sans force exceptionnelle. Aucun appareil à acheter. Silhouette-mannequin grandeur nature indiquant les 34 points vulnérables.
1691 Méthode Y.D.V. 55,-
1692 Super-Y.D.V. 55,-

Une autre qualité est considérée comme conférant de la valeur à l'œuvre, c'est son historicité. Le fait que Kandinsky soit l'initiateur de telle forme artistique est un "plus" artistique (donc financier, et vice-versa). Outre la question de la relativité de l'aura (et ne parlons pas du trafic des certificats d'authenticité), l'historicité d'une œuvre me semble finalement étrangère à son existence esthétique. Si on en revient aux textes mêmes de Kandinsky, mais aussi de Duchamp, de Beuys et de bien d'autres, on se dit que l'historicité, si elle a un sens sur le plan du concept, ne devrait pas en voir sur celui de la matérialité des œuvres, à moins d'en trahir l'esprit. C'est si facile de transformer en coûteux fétiches inaccessibles la moindre production d'un artiste bien calé entre quatre planches.

IM-PI-TOY-ABLE

Nous vivons un temps de schizophrénie artistique où tout paraît permis, possible, avoir été fait. Mais où les processus de légitimation nécessités par les lois du marché et les mécanismes du pouvoir (circuits fermés critiques/galeristes/musées/riches collectionneurs), fonctionnant par connivence sociologique des goûts, cooptation et renvois d'ascenseur, opèrent un tri impitoyable et surtout en pleine contradiction avec le discours actuellement dominant sur l'art.

Le sens de ma démarche est d'en revenir à la pureté des intentions. De ressaisir les moyens matériels, formels et conceptuels de regarder et produire des œuvres d'art sans se laisser intimider par les grands manitous du pouvoir artistique.

Pratiquement, que faire ? D'abord en ce qui me concerne, je m'entraîne à porter un jugement sur les œuvres de mes élèves, d'autres artistes ou les miennes en toute indépendance d'esprit, sans me laisser impressionner par les musées, les foires prestigieuses, ou à l'inverse le petit local poussiéreux et anonyme où je les découvre. Ça paraît facile mais c'est une lutte constante contre l'instinct de déférence, de dévotion et de crédulité sur lequel l'esprit critique aime à se reposer.

Je m'entraîne à proclamer que la légitimité de mes choix n'est pas moindre que celle de tel ou tel collectionneur, tels les Saatchi faisant ou défaisant des réputations artistiques. Bien que je dispose de quelques millions de dollars en moins qu'eux, j'estime que mes choix valent bien les leurs.

Ensuite, concernant mon enseignement, je le lie à ma pratique avec la même unité d'esprit que Kandinsky, quoique d'une autre manière. Je suis comme lui à la recherche de la *nécessité intérieure* et de la connaissance en peinture mais cela quels que soient les langages picturaux utilisés. Mon but est de me promener en emmenant mes élèves dans les découvertes du siècle -y compris les miennes- à la recherche des moyens techniques, intellectuels et artistiques à s'approprier ou à inventer. Après le *Readymade,* qui a tant perturbé l'idée d'art moderne, *Le Do-It-Yourself* : <u>*L'art contemporain, faites-le vous-même.*</u>

FAITES-LE VOUS-MÊME

Vous ne pouvez pas mettre un million de dollars dans un Klee ? Faîtes-le vous-même. Ou regardez la peinture que fait votre voisin. Ou peignez autre chose si rien n'existe qui soit peint pour vous. Vous pouvez échouer ou réussir, le savoir ou non: l'incertitude donne son sel au pari.

Je vous invite à découvrir *par vous-même* la peinture, les techniques, les idées, les artistes. Faire, voir, comprendre, débattre, en dépassant les clichés du néophyte, les raideurs des académies anciennes et nouvelles, les dédains du professionnel blasé. *En peinture et pour le reste, vivez avec vos limites et pas celles des autres, pour en les affrontant les dépasser.*

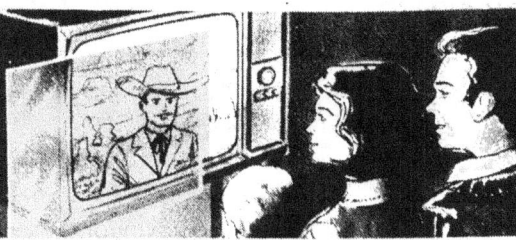

Incroyable mais vrai ! Un nouveau Filtre-Couleur accomplit ce miracle. Vous le posez vous-même en quelques secondes sur l'écran de votre téléviseur. Aussitôt c'est l'enchantement : vos peintures apparaissent à côté des animateurs stars et des plus grandes actrices. De quoi faire pousser des cris d'envie et d'admiration à vos parents et amis quand ils verront vos peintures et vous en couleurs naturelles au lieu des images habituelles du journal télévisé ou de la météo. Une invention stupéfiante qui décuple votre plaisir de faire de l'art contemporain vous-même !

N° 300.434 - Filtre T.V. Color pour écran de 49 à 59 cm		**F. 29,80**
N° 300.459 - Filtre T.V. Color grand luxe de 49 à 59 cm		**F. 39,80**
N° 301.903 - Filtre T.V. Color pour écran de 65 à 72 cm		**F. 49,50**
N° 301.929 - Filtre T.V. Color grand luxe de 65 à 72 cm		**F. 59,50**

CE N'EST PAS MOI QUI LE DIT :

Dans toute croyance, le pouvoir de l'objet est à la fois réel et imaginaire.
Rosenberg (à propos de la peinture de Rothko.)

L'artiste Sherrie Levine remet en question les notions de chefs-d'œuvre, de propriété artistique, d'œuvre originale (...). Début 1980, elle entreprend une série d'aquarelles, copies de Van Gogh, Schiele, de Manet, puis de Malevitch ou de Kandinsky (...). « *Ce qui m'intéresse c'est l'information contenue dans chaque image et ce qu'elle nous signifie.* » [Petit dictionnaire des artistes contemporains, Pascale Le Thorel-Daviot]

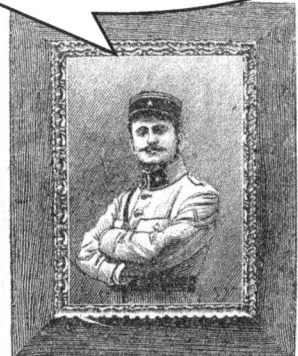

Peut-être la satisfaction naïve compense t-elle l'absence de don.

(Marc Kharitonov, *un mode d'existence*)

L'artiste doit être présent dans son œuvre, présent partout, visible nulle part.
Flaubert (1821-1880).

Les grands artistes de demain resteront cachés.
Marcel Duchamp (1887-1968).

Les artistes sont bien des créateurs mais pas des démiurges, le monde n'a pas commencé avec toi et ne s'achèvera pas non plus avec toi. Tu es à la fois un phénomène existant et un individu réel. Au moment où tu existes, tu es aussi d'une richesse infinie. Lorsque le moment sera venu pour toi de ne plus exister, tu disparaîtras. La seule voie d'existence de l'artiste, fragile individu, face aux courants irrésistibles de son époque, s'il ne veut pas être balayé, sera de se tenir sur le côté et d'observer sereinement dans la marge de la société. Ainsi seulement il pourra continuer à faire ce qu'il voudra et peindre ce qu'il aimera.
Gao Xingjian
Exposition au Palais des Papes, Avignon 2001.

A quoi reconnaît-on un artiste ?
Les artistes se reconnaissent entre eux.
Pierre Desvaux

A quoi reconnaît-on un cuistre ?

Ennemi de toutes les supériorités, les méprisant même avec le calme admirable de l'ignorance.
Balzac (1799-1850), *L'illustre Gaudissart*.

Le cuistre appartient certes à une espèce vaniteuse, pédante et ridicule. Le cuistre est incapable de se voir avec lucidité lorsqu'il exhibe en société les attitudes qui permettent de le reconnaître, ni de s'entendre lorsque les opinions ou le ton qu'il invente pour les transmettre tracent les limites de son intelligence ; mais il n'en est pas moins fort, puisque sa faiblesse l'aveugle assez pour lui permettre d'avancer sans gêne dans le monde et bousculer des comportements plus discrets, donc moins efficaces. Et sa pédanterie n'en recèle pas moins un savoir, un bagage de connaissances et une panoplie de références qui l'autorisent, là encore, à progresser ou à survivre au sein des autres animaux parfois moins péremptoires et bruyants, donc moins entreprenants que lui.
Philippe Labro, *Le petit garçon* (1991)

Avril 1990

Pour des Histoires personnelles de la peinture

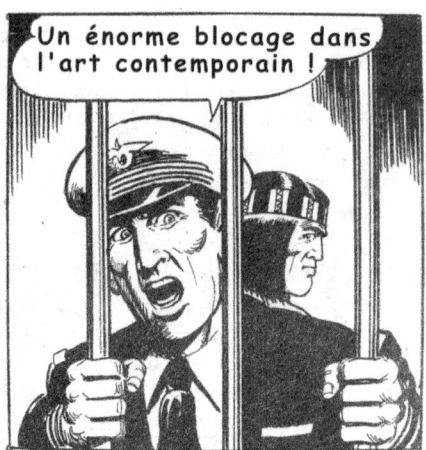

Il existe deux façons de considérer l'art en général, et la peinture en particulier : d'un point de vue classique, ou subjectif. (Une troisième façon : on s'en fout.)

Classique, l'œuvre répond à certains critères d'ordre, sur le plan de la forme et celui du contenu. Cet ordre reflète à la fois l'homme et une société à un moment donné -La Renaissance fournissant l'exemple type-, et s'exprime à travers la recherche et la codification d'une eurythmie, c'est-à-dire un agencement idéal de formes et de sens.

Cette eurythmie de la Renaissance qui a donné tant de chefs-d'œuvre et pas mal de peintures barbantes a dégénéré au XIXe siècle en pompiérisme : car des formes adaptées au temps qui les a vues naître ne peuvent garder le même sens ni la même portée dans un autre temps bouleversé par des révolutions politiques, économiques, technologiques, industrielles. Sur les ruines du classicisme et de ses dérivés, deux façons subjectives de penser l'art allaient se disputer le terrain.

PAS D'ABSOLU POUR MARCEL

D'un côté, Marcel Duchamp jette le bébé *classicisme* avec l'eau du bain *art :* en exposant dés 1913 une simple roue de bicyclette dénommée comme *œuvre d'art,* il signifie qu'il n'existe pas d'absolu esthétique. Seuls comptent le regard plus ou moins pertinent et désintéressé de la société, et le caprice de l'artiste qui s'autoproclame tel, décidant souverainement, arbitrairement, que ceci est de l'art et cela n'en est pas. Cette position, au départ simplement malicieuse, a fini par provoquer un énorme blocage dans l'art contemporain où se sont coincés des centaines d'artistes et d'institutions artistiques : qui n'a jamais visité d'expositions d'art conceptuel, ou minimal, en passant par le bad painting, d'un ennui mortel à force de vacuité militante ou d'extrémisme didactique ?

L'autre façon de penser l'art pourrait être caractérisée par un Kandinsky, peintre, enseignant et théoricien, qui a cherché sur les ruines du classicisme de la Renaissance à élaborer une nouvelle grammaire formelle adaptée à son temps. Lui avait une approche théosophique; d'autres artistes, tentant la même démarche universaliste, ont pu demander à la Science, à la mécanique ou à la lutte des classes l'argument de base sur lequel édifier leur théorie.

Mais le point commun entre Duchamp et Kandinsky, Picasso et Marinetti, Malevitch et Klein, c'est finalement le subjectivisme. Car le XXe siècle, ouvert à tous les vents de la connaissance, se trouve perclus d'éclectisme et incapable d'édifier un ordre classique commun à toute la société. Chacun pour soi. Il existe bien des critiques, des expositions, des Histoires de l'art pour proposer des classements, distribuer des bons points. Mais au nom de quoi préférer tel artiste ou telle œuvre ? Les années 1910 ou 20, racontées en 1930, 40, 50, 70 ou 90, chaque fois réécrites au goût du jour, ne nous donnent pas la réponse

JOSEPH QUI DÉTESTAIT LA PEINTURE

Je propose une leçon à tirer de tout cela : que chacun, artiste ou pas, cherche d'abord pour soi avec sincérité et rigueur, la forme de peinture qui aura vraiment une résonance en lui, pour rayonner ensuite plus ou moins loin autour de lui. Le « tout le monde est artiste » de Joseph Beuys (qui détestait d'ailleurs la peinture) avec la « nécessité intérieure » de Kandinsky. Car les plus grandes œuvres de la peinture contemporaine ne vous touchent peut-être pas plus qu'un portrait de Marilyn pour l'enfant qui cherche celui de sa mère, pour l'amant qui veut contempler sa femme. Cette œuvre dans ce musée n'a pas été faite pour vous, elle ne vous a pas été offerte, elle ne vous concerne peut-être pas et puis elle vous regarde de travers de haut de sa cote et derrière sa vitre blindée. La peinture essentielle, celle qui va vous bouleverser, elle est peut-être encore à faire. Et c'est peut-être à vous de la faire.

Tel est le sens et le but de l'enseignement que je propose, essentiellement équivalent dans mon esprit à la peinture que je produis moi-même : il s'agit toujours de donner le jour à des formes, qu'elles viennent des autres, ou de moi, dont l'exigence à la fois matérielle et morale rendre caduque la dichotomie entre amateurs et professionnels. Le vrai clivage est ailleurs : entre ceux qui imitent des modèles extérieurs -peintres du dimanche et artistes branchés-, et ceux qui sont en quête de leur modèle intérieur.

MARCEL, JOSEPH, JEAN, IL FAUT LES COMPRENDRE

Marcel Duchamp, Jean Dubuffet ou Joseph Beuys, artistes majeurs moins reconnus comme tels par le public que par les institutions artistiques (écoles, musées...) qu'ils contestaient justement, nous apprennent finalement cela : il faut oublier leur œuvres, simples reliques individuelles, et comprendre leurs attitudes pour devenir capables de fabriquer puis de reconnaître ses propres peintures comme des œuvres significatives de l'Histoire de la peinture, *de son Histoire personnelle de la peinture.*

← « L'ART CONTEMPORAIN, FAITES-LE VOUS-MÊME », « POUR DES HISTOIRES PERSONNELLES DE LA PEINTURE » : ces textes témoignent d'un point de passage dans mon cheminement de peintre. Mais en 2007, 17 ans après, je pense à toutes les personnalités du monde de l'art qui sont décédées depuis et qu'on a déjà oubliées. Peut-être injustement oubliées, peut-être pas. C'est trop tard pour en discuter avec elles, alors c'est pour ça que j'écris ici et maintenant.

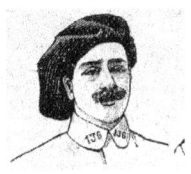

1990, un nouveau service proposé par Yves Desvaux Veeska :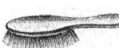

Location d'artistes à la soirée

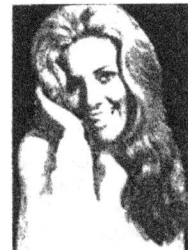

ARTISTE TÉNEBREUX
Ne parle pas ou peu. Air mystérieux. Jette le trouble dans l'assemblée.

ARTISTE CAUSTIQUE ET CYNIQUE
Pour conversations impitoyables, descentes en flammes, cruautés verbales imprévisibles, paradoxes divers.

ARTISTE PÉDAGOGUE
Pour parler Art. Les Beaux. Les laids. En acquittant un supplément, entretien personnel et spirituel sur vos propres œuvres secrètes. Ce qui ni votre maman, ni votre copain ou copine ne peuvent vous dire. Préciser à la réservation votre Indice de Susceptibilité. Pour une somme plus modique, vous pouvez vous rabattre sur l'option Entretien Complaisant.

ARTISTE ÉPISTOLIER
Correspondez avec un artiste : une lettre personnelle chaque mois, où l'artiste répond à vos questions existentielles tout en vous tenant au courant de ses affres créatives comme si vous y étiez.

ARTISTE ARTISTIQUEMENT CORRECT
Prix élevé justifié, car labellisé par les instances légitimes de pouvoir artistique. Pourra briller et vous faire briller partout où vous l'emmènerez. Ce modèle d'artiste ne demande pas, pour l'employer, de connaissances artistiques particulières. Votre réussite sociale et son tarif authentifieront ses partis pris culturels et les vôtres.

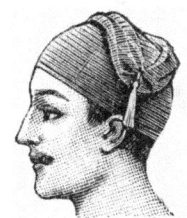

ARTISTE MAUDIT
Faites faire votre ménage par un artiste en lui faisant bien comprendre que ce qu'il fait ou pense ne vous intéresse pas, mais alors pas du tout.

LA FIAC
La Fiac est comme une vache : des tableaux, sculptures, installations, concepts divers sont broutés par la Fiac, qui transforme le tout en argent comme la vache fait du lait avec de l'herbe.

PROJETS À OUBLIER
- Décerner des brevets de célébrité, des certificats d'amateur d'art averti, d'autres certificats d'importance historique garantie un an.
- Devenir un artiste maudit en s'amusant.
- Potasser Barthes pour fabriquer de l'art qui, à défaut d'exprimer une vraie révolte, montrerait *les signes de la révolte*. Un art choquant, et du coup médiatique et négociable. Un art qui, sans aller jusqu'à être intelligent, montrerait au moins *les signes de l'intelligence*. Faire du kitsch, à la fois monumental et au quinzième degré, ce genre de choses. Basquiat, Hirst, Buren, Koons...

MINABLE, INUTILE ET VANITEUX
J'ai toujours au fond de moi le désir ou l'espoir d'être reconnu, tout en sachant au fond que cela est humainement minable, inutile et vaniteux. Parce que je tente de prétendre que l'important serait de se reconnaître soi-même, avec certitude. Déjà que c'est dur d'être artiste, si en plus il faut être un saint.

CE N'EST PAS MOI QUI LE DIT :

Le regard du public n'a jamais grandi aucun art.

Ezra Pound (1895-1972).

— Vous n'aimez pas ? Pourtant, le public a aimé.
— Il est bien le seul.

Cocteau (1889-1963)

Le goût d'une époque n'est pas l'art d'une époque.

Marcel Duchamp (1887-1968)

Les carrières artistiques m'ont toujours paru très risquées, l'aspirant ayant toujours infiniment moins de chances de créer une œuvre durable que de devenir, disons, astronaute.

Jim Harrison, *Dalva*.

Profession : Yves Desvaux Veeska

Artiste-peintre + Professeur dans son genre + Bon époux et bon père de famille + Adjoint. secrétaire et assistant de soi-même + Répondeur à tout appel au téléphone et pourtant parfois ça déconcentre quand on Crée + Comptable de ses quatre sous + Directeur de son marketing direct et indirect + Concepteur–rédacteur–metteur en page et distributeur de ses prospectus + Manutentionnaire–Livreur + Encadreur + Responsable du suivi clientèle pour faire plaisir + Organisateur de cours et de stages très intéressants + Auteur d'ouvrages poétiques, artistiques, littéraires, voire pédagogiques de haute volée + Technicien de surface + Commissaire d'expositions personnelles. et collectives s'il le faut + Transporteur et installateur aussi + Responsable de la promotion, des ventes et parfois des méventes, c'est comme ça + Se verrait bien aussi écrivain et poète + En tout cas, peintre artistique déjà connu, d'une bonne cinquantaine de personnes

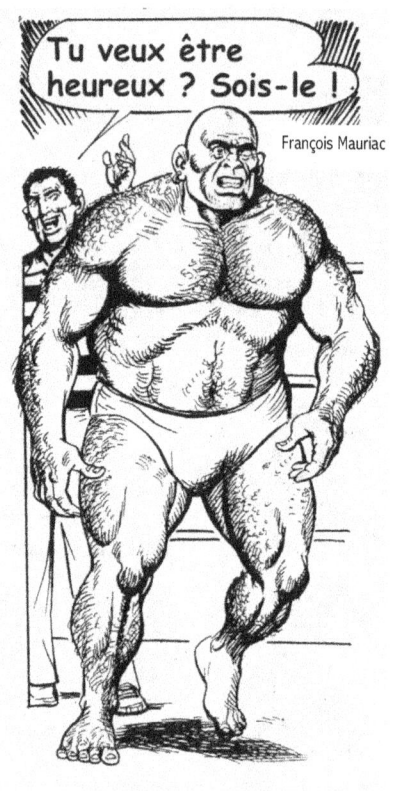

Mon idéal, ce serait d'être un peintre mondialement inconnu.

Ça tombe bien, parce que je ne suis pas tellement connu. D'être un artiste pas pressé. Ça tombe bien, je suis lent. Mon idéal, ce serait de faire ma peinture dans mon coin, comme un vigneron fait son vin, comme un boulanger fait son pain. De ne pas en faire trop, juste pour quelques personnes qui me connaissent par hasard, de bouche à oreille. Proposer alors de goûter mes peintures, on aime, on n'aime pas, on en discute, on boit un coup, on regarde ensemble, même on peint ensemble. Et voilà.

CE N'EST PAS MOI QUI LE DIT :

On pourrait très bien dire que l'art n'est pas obligé d'honorer le concept de propriété. Qu'il n'est pas fait pour être possédé, mais simplement pour *être*.

John Updike, *Tu chercheras mon visage* (2002)

Hormis le travail forcé pour vivre, on se demande ce qui est sérieux. Sitôt délivré du besoin immédiat et des contraintes tragiques, l'homme devient un singulier personnage plein de fariboles.

Jacques Chardonne, *Vivre à Madère*, 1953.

Invitations à Passer à la Postérité

De début 1991 à fin 1992, je lance quatre « Invitations à Passer à la Postérité ». Il s'agit de lettres tirées à environ trois cents exemplaires chacune que j'envoie à mes connaissances pour les inviter, pas seulement à mes expositions, mais à s'introduire à l'intérieur de mes peintures en apportant leur matière première personnelle, et passer ainsi à la postérité avec moi (Venez, on va se faire une petite place dans l'Histoire de l'Art). Trente amateurs d'art beaux, intelligents (ci-dessous leurs noms mais par leur numéro de téléphone) et pas toujours riches me répondent. Les peintures annoncées voient le jour et se trouvent actuellement dans des collections particulières prestigieuses (autrement dit chez eux) ou des musées comme le Centre d'Art Contemporain d'Avant-Garde Ultra-Moderne, mieux connu sous le nom de C.A.C.A.G. U.M.

Bien qu'aucune reproduction n'existe de ces peintures, 16 ans après, on en parle encore (enfin moi j'en parle). Qu'est-ce que ce sera dans 16000 ans !

<u>LISTE DES PERSONNES CÉLÈBRES DESTINÉES À PASSER À LA POSTÉRITÉ (QUASIMENT SÛR)</u>
Isabelle et Christian ALBY, Dominique CHARBEAU, Bruno CHAUDIÈRE, Annie COSSARD-RODRIGUES, Yves COTHOUIT, Inès COUZINET, Anne DENIS, Marie-France DUMETZ, Bernard GAUME, Martine GERDIL, Simone GOULFIER, Nicole GRANGIER, Geneviève LAURET, Jacques LÉCUREUIL, Maria et Jean-Jacques LEROUX, Christiane LOCUSSOL, Françoise MACHU, Monsieur MAILLET, Armelle et Franck MARTINIÈRE, Maryvonne OIZAN-CHAPON, Cécile PLANQUE, Alain PLOUVIER, Marianne PORÉE, Geneviève PRETET, Annick RAPHAL, Joëlle ROLLAND, Gérard VEILLET.

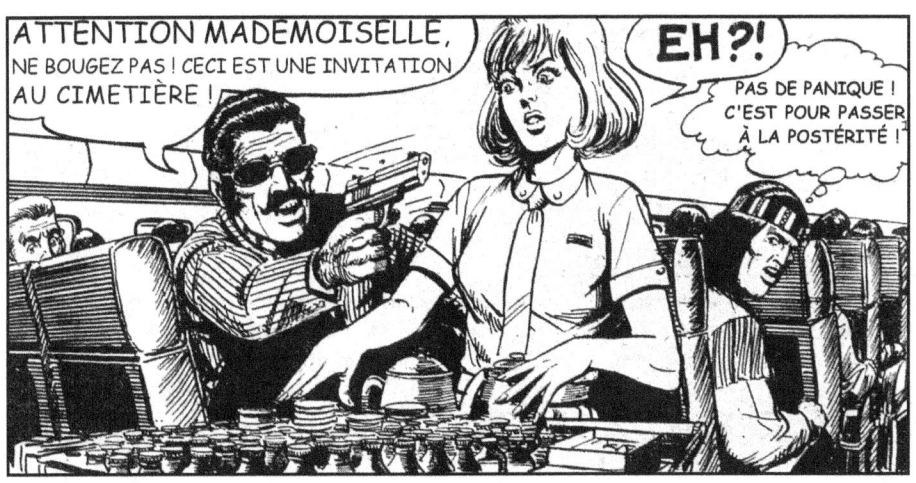

PRINTEMPS 1991. Texte inédit, juste avant la 1ère <u>INVITATION À PASSER À LA POSTÉRITÉ</u>.

Invitation au cimetière

Les cimetières sont des endroits paisibles, organisés, où il fait bon se promener. Des noms, des dates, le simple résumé de chaque vie.
J'aspire à trouver une forme de peinture aussi paisible et organisée qu'un cimetière. Et pour cela j'ai besoin de votre contribution.
Vous allez m'envoyer une trace de votre vie : une lettre ou une photo d'identité, ou une photo intime, un document administratif, une anecdote. Ou déposer dans mon atelier une mèche de cheveux, quelques gouttes de sang, des larmes, une empreinte corporelle, un fragment de vêtement. Ou une trace de couleur, un dessin. A votre idée.
Les cimetières sont organisés, moi aussi.
Chacun disposera pour inscrire sa trace sur une de mes toiles d'un emplacement d'environ 100 cm², avec 1 mm d'épaisseur maximum. Chaque don sera signalé par les nom et prénom du donateur, date de naissance et date du don.
Comme promoteur et comme gardien de mes toiles-cimetières, je me réserve le droit d'en dresser les plans, d'en dessiner les allées, de les égayer enfin. Et comme homme raisonnable, je contrôlerai la bonne tenue des concessions, et je veillerai à ce qu'elles soient exposées dans de bonnes conditions.
Pour que les bribes de souvenir ainsi déposées par chacun, réunies sous la forme de paisibles tableaux, appellent notre attention, retiennent en nous le spectateur distrait, nous invitent à nous familiariser avec l'idée de cette dernière signature mise un jour au bas du tableau de notre vie, cette signature rarement inscrite de notre main et confiée aux soins du marbrier.

1ère Invitation à Passer à la Postérité

PRINTEMPS 1991

La vie, l'amour, l'argent, la mort.

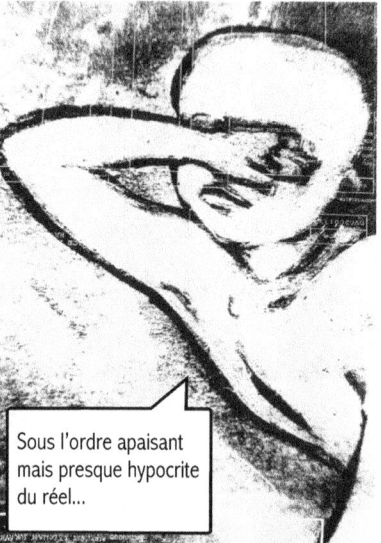

Sous l'ordre apaisant mais presque hypocrite du réel...

Ces quatre mots contiennent assez bien tous les sens de l'existence. Assez bien. Et dans une peinture, c'est depuis longtemps ce que vous cherchez à voir ou à faire, au travers de vos expériences de spectateur ou de peintre. Même si vous êtes assez dissimulé pour n'apprécier à visage découvert que la beauté, la mesure, l'intelligence, admettez qu'il est bon de savoir qu'on éprouve toujours un certain soulagement à vérifier que, sous l'ordre apaisant mais presque hypocrite du réel, s'agite toujours le chaos de nos sentiments profonds.

C'est ce chaos-là, effrayant mais si plein de séduction, que je cherche à scruter pour le représenter. Mais il m'échappe encore car sur ma toile je suis seul pour le traquer. Et il est trop complexe, trop mouvant pour un chasseur seul. Alors il me faut le réduire à petit feu, ce désordre inexplicable du réel, pour le *transformer en peinture,* assagie, apaisée, dominée, sage comme une image. Pour cela, j'ai besoin de vous.

La vie : naître, grandir, mûrir, donner la vie, vieillir. Être bien, mal, jouir, souffrir.

L'amour : aimer, être aimé, le corps et le sentiment, la vérité sérieuse et les fantasmes coquins.

L'argent : faire commerce de son temps, de son intelligence, de sa force physique, de son corps, pour avoir sa place au sein de la société.

La mort : mourir, disparaître sous un carré de terre, rongé par les vers, brûlé ou autrement, et laisser une trace sur des objets, dans l'esprit de ceux qui nous ont connu. Tuer, une mouche, ou plus.

Pour réduire tout cela en peinture, j'ai imaginé un *jeu :* je prends des toiles que je divise en parcelles. Chaque parcelle est acquise par un joueur qui y dépose symboliquement une trace de son existence. Par exemple une touche de peinture, une lettre, une photo d'identité, une photo intime, un document administratif, un dessin, un gribouillis, une empreinte corporelle, une signature, une image personnelle, son nom, sa date de naissance, celle de son passage, un testament, un faire-part, une anecdote, quelques gouttes de sang, une larme, une petite annonce...

L'ensemble des traces déposées provoque des rencontres, des cohabitations de formes, d'images et de sens inattendues, aléatoires comme dans la vie réelle, aussi bien à l'intérieur de la toile que de la toile vers le spectateur. En tant que peintre, promoteur et architecte de l'opération, je me charge d'organiser, relier, rendre jolies à mon idée, exposer et entretenir les traces que vous allez m'envoyer.

Pratiquement, comment participer, comment réserver sa place dans ce petit monde en réduction ?

1. D'abord, vous faîtes l'acquisition d'une parcelle de toile. Pour cela, vous m'envoyez son contour sur papier libre : aussi bien une découpe biscornue qu'un carré tout simple. Je transpose votre forme sur ma toile en l'articulant à celles déjà reçues. Vous pouvez aussi me réserver tant de cm^2 et je me charge de dessiner votre emplacement. La surface d'une parcelle se situe entre 2 et 2000 cm^2. Son prix en est de 0,25 Fr le cm^2, qu'on récupère à la vente de la toile si on est là, le prix de mes œuvres tournant actuellement autour de 0,50 Fr le cm^2. Quand le prix de mes toiles augmente, celui des parcelles aussi, sauf pour les propriétaires de moins de 200 cm^2 qui sont systématiquement spoliés dans un souci de réalisme. La gestion de tout cela est injuste, malhonnête, brouillonne, et tout le monde peut se faire avoir pour l'amour de l'art, le tout étant inscrit dans un livre et faisant l'objet de reçus.

2. Une fois délimitée et payée votre parcelle (espèces, timbres, chèque, nature, troc, etc) vous me confiez ou vous mettez vous-même dessus les traces de votre existence que vous avez choisies d'inscrire. La liste proposée en exemple plus haut n'est pas exhaustive : vous pouvez être banal, maladroit, de bon ton ou tout le contraire. Surtout, posez-vous dans votre partie de toile comme ça vient. Les envois anonymes sont acceptés. Je demande simplement que cela n'ait pas d'épaisseur pour rester léger comme une image.

3. Et je me charge d'organiser l'ensemble de ces contributions, d'abord pour être utile à quelque chose, ensuite pour que les tableaux ainsi obtenus deviennent vraiment des microcosmes, de pures métaphores picturales du monde où nous vivons sans le faire exprès.

Ce sont bien des toiles, des peintures, de simples tableaux que je veux faire, mais truffés d'émetteurs et de récepteurs branchés sur les sentiments secrets qui nous animent. Pour nous inviter à la méditation sur la vie, l'amour, l'argent, la mort.
Et nous faire rire.

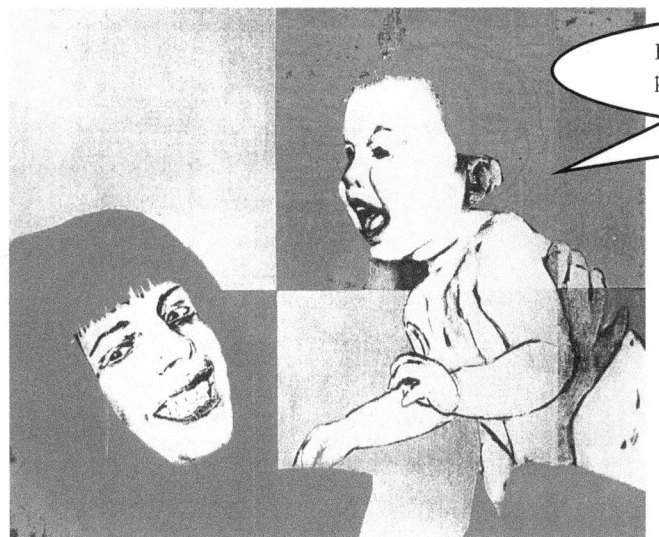

> Faire du travail un service rendu aux autres plus qu'un moyen d'affirmer son ego.

Roland Yuno Rech, moine zen, psychothérapeute.

♦

Conçu comme une séquence de l'œuvre, le dispositif de vente relève à ce titre d'une dramaturgie assez fine.

(à propos de Tino Sahgal, Bx-Arts 11-06)

♦

L'art moderne (...) ne transgresse plus guère de codes esthétiques, bien trop ouverts, mais des préjugés sociaux ou politiques, (...) l'autorité, les lois sociales, les conditionnements collectifs, et non plus des règles académiques dont la stérilité ne fait plus question. Ainsi les provocations de l'artiste de la première moitié du XXe siècle concernaient-elles généralement la forme de sa production, et celles de l'artiste actuel la nature même de son activité. On choquait hier en montrant des choses qui ne correspondaient pas à ce que le public attend d'une œuvre d'art ; ce même public est aujourd'hui choqué par des activités qui ne correspondent pas à ce qu'il attend d'un artiste.

Nicolas Bourriaud, dans un dossier sur *La provocation dans l'art contemporain*, Beaux-Arts 07-99

♦

La vente des moyens d'être un artiste constituera la part majeure du commerce de l'art.

Jacques Attali (Nouvel Obs 22–03-07)

♦

Dans les années 90, les artistes ont cessé d'avoir peur de l'anecdote, du récit. Il y a eu ce mythe de l'œuvre d'art comme un objet parfait, autonome, à l'abri de l'histoire et dont on n'a pas besoin, surtout pas, de trouver la clé dans un discours. Beaucoup d'artistes des années 90 ont essayé de renverser ce rapport en disant : « Mais le discours c'est très bien, en fait, c'est important de pouvoir raconter quelque chose. Et ce qui nous lie les uns aux autres, ce sont aussi des récits. » Un coup de pied se raconte, une exposition aussi : « Qu'est-ce qu'il a fait ? », « Voilà, c'est comme ça », etc. Souvent aujourd'hui, les clés ne sont pas données dans l'œuvre elle-même. C'est ce qui énerve parfois le grand public, mais c'est aussi ça qui est fascinant : à chacun de comprendre, comme un enquêteur, d'où vient cette œuvre, comment elle a été faite (...)

Nicolas Bourriaud, *Beaux-Arts* N° spécial Aujourd'hui, qu'est-ce que l'art, 15-12-99

2ème Invitation à Passer à la

et à passer à La Garenne-Colombes

Décembre 1991

Vous allez mourir un de ces jours, comme tout le monde. Et en attendant vous vivez, bien j'espère : amour, argent, travail…

Je vous écris parce que je suis peintre et je vous regarde. Le sujet de mes tableaux, c'est ce que je vois, comment ça marche, et puis qui je croise. Et, de près ou de loin, j'ai dû vous croiser. Voilà pourquoi je vous écris.

Certains peignent avec leurs yeux et avec des couleurs. J'y ajoute d'autres matériaux que je collecte : photos de famille, papiers personnels, idées en l'air, petites annonces ; des souvenirs, des dessins ou des gribouillis, des traces ou des empreintes corporelles. N'importe quoi, mais produit ou apporté par une personne vivante. Et si vous êtes encore en vie ces jours-ci, vous pouvez apparaître dans le tableau. Quel tableau ?

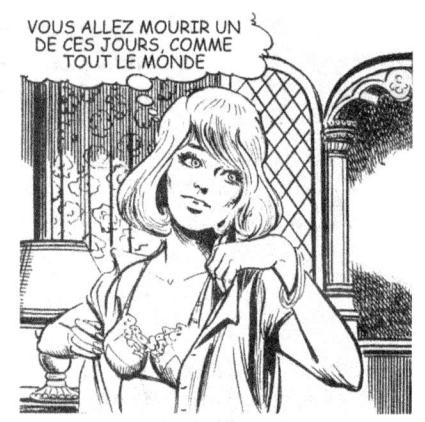

Notre œil ne suffit pas pour nous décrire la complexité du monde. Mais, en tant que peintre, je veux trouver malgré tout un moyen de représentation de ce monde :

> Qui soit un tableau, pour être plat, léger et transportable.

> Qui soit un réseau d'images et de signes évoquant et faisant partie du lacis des idées, des sentiments, des sensations, des hasards et des fatalités composant nos existences.

> Que le mode d'élaboration de ce, puis de ces tableaux ressemble à notre fonctionnement humain basé sur l'échange, le commerce des sentiments et des idées, des objets et de l'argent.

Voici ce que vous allez faire pour entrer dans le jeu :

Vous m'apportez ou vous m'envoyez le (…) que vous voulez placer sur un de mes tableaux. Bon ou mauvais goût, habile ou brouillon, intime ou distancié, signé ou anonyme, je prends tout sans rien juger du moment que c'est léger et sans épaisseur pour se fixer sur une toile.

Vous choisissez, en cm^2, la place que vous réservez : entre 300 et 3000 cm^2 :

Les parcelles de ce lotissement artistique se négocient actuellement à 30 centimes le cm^2, représentant votre droit inaliénable d'occupation d'un fragment de vrai tableau.

En tant que promoteur et architecte exclusif de l'opération, je me réserve la possibilité de manipuler en toute subjectivité ce qu'on m'apporte comme matériau pour en extraire le pur jus artistique, mais à votre place j'aurais confiance.

Vous êtes une des cent milliards de personnes qui sont passées sur terre depuis les débuts de l'humanité. Ça compte, non ? Et bien d'autres vont vous suivre. Alors, merci de penser à leur laisser un souvenir, que la postérité aie quelques chances de plus de penser à vous.

CE N'EST PAS MOI QUI LE DIT :

Les gens ignorent d'où vient la peinture et regardent souvent les tableaux comme des objets, or la peinture vient souvent de sentiments universels, de la joie de vivre et de la peur de mourir, du rapport au père, à une maison, à un paysage ou à un simple objet comme un lit ou une table.

Michel Potage, peintre
Interview *Télérama* 31/05/2000

Ce qui compte, ce n'est pas ce qu'on fait dans la vie, mais *de* la vie.

Jean-Pierre Milovanoff, *Second couteau,* 2004

♦

Je ne veux pas mourir de mauvaise humeur.

Jacques Chardonne, *Vivre à Madère,* 1953

Vivre, se nourrir, se reproduire, accomplir la tâche pour laquelle on est né, et mourir : ça n'a aucun sens, c'est vrai, mais c'est comme ça que les choses sont.

Muriel Barbery, *L'élégance du hérisson,* 2006

♦

Il faut rire avant d'être heureux, de peur de mourir sans avoir ri.

La Bruyère (1645-1696).

Postérité

Modèle de Bon de Commande n°02
(reproduction et adaptation libres)
Validité : 3000 ans environ, avec un délai de carence de 100 ans.

```
Coupon - réponse

J'ai reçu un beau jour de décembre 1991, de la part
d'Yves DESVAUX VEESKA, artiste consciencieux et honnête,
une Invitation à passer à la Postérité. Et je m'offre à
cet effet une parcelle de toile de
_____ cm² (entre 300 et 3000 cm²)


Je choisis d'y placer
 - une photo          /__/      - un dessin           /__/
 - un papier          /__/      - un gribouillis      /__/
 - une petite annonce /__/      - une empreinte de _____
                                - une autre idée ..........
 ................................................................


Je l'envoie par la poste   /__/
Je l'apporte à l'artiste   /__/   à son exposition chez lui
59 rue Jules Ferry 92250 LA GARENNE COLOMBES - Tél : 47.81.69.54.
 - samedi 14 décembre 1991 entre 19h et 22h   /__/
 - dimanche 15 décembre    entre 14h et 18h   /__/
 - un autre jour, ailleurs, sur rendez-vous   /__/


Je joins ma contribution à cette action :
0,30 Fr X _____ cm² = _____ Fr
et je suis bien conscient que tout cela est terriblement
drôle, artistique et presque métaphysique /__/ .


Nom, prénom, adresse, téléphone (sauf pour les anonymes)
M.Mme.Mlle _____

|__|__|__|__|__|                            Tél _____

Coupon à retourner avec votre règlement à :
Yves DESVAUX VEESKA
59 rue Jules Ferry 92250 LA GARENNE COLOMBES
Tél : 46.13.79.95 (journée) - 47.81.69.54 (soir)
```

CE N'EST PAS MOI QUI LE DIT :

Un atelier est un endroit où on manipule la matière première. Il y a un siècle, on y trouvait essentiellement des tubes de couleur et de la glaise ; aujourd'hui, ça peut être des images de magazine, de télévision, des situations sociales, des voitures, ça peut être n'importe quoi.

Nicolas Bourriaud, *Beaux-Arts*
N° spécial *Aujourd'hui, qu'est-ce que l'art*,
15-12-99

Tu ne penses pas que l'ensemble des traces laissées par l'action d'un artiste, quelles qu'elles soient, deviennent aussitôt de l'art.

Gao Xingjian, Exposition au Palais des Papes, Avignon 2001.

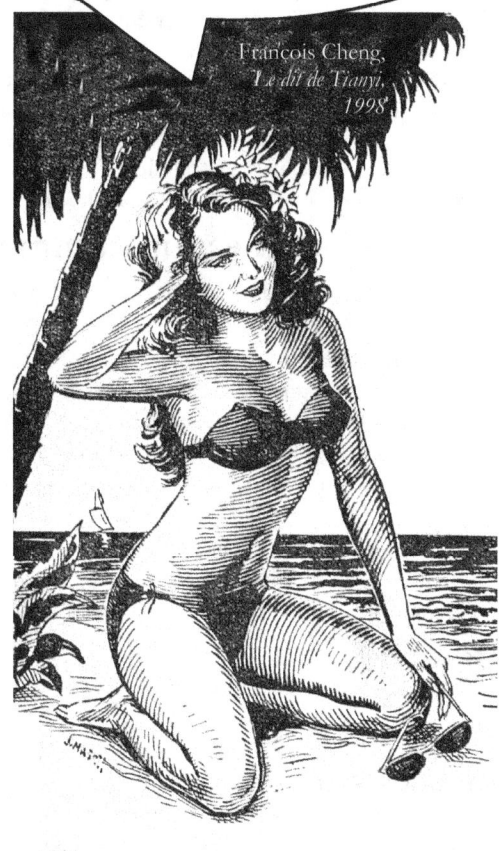

Pendant que les hommes, le dos courbé, font des petits calculs, échafaudent des plans pour les mois, les années à venir, le destin par derrière ricane en silence.

François Cheng, *Le dit de Tianyi*, 1998

Tu sais ce que Thomas Bernhard dit de ceux qu'il appelle les « Maîtres anciens » ? Selon lui, tous les peintres dont l'histoire a gardé le nom n'ont pas peint ce qu'ils auraient dû peindre, mais uniquement ce qu'on leur a commandé, ou bien ce qui leur rapportait de l'argent, la gloire. Ils auraient ainsi tous trouvé un maître, jamais eux-mêmes, c'est-à-dire l'humanité.

Pierre-Jean Rémy, *Aria di Roma*.

Quelque chose dont on n'a pas le souvenir n'a pas vraiment eu lieu.

Joseph O'Connor, *L'Étoile des Mers* (2002)

Je me rendais compte que la vie (la mienne ou n'importe quelle autre) était une succession de jours et de nuits, de travail et de repos, de rencontres et de conversations, de plaisirs et de désagréments parfois appelés « événements » ; une accumulation désordonnée d'impressions, de scènes et d'images dont une infime partie seulement se fixait en nous (et encore, on ne sait trop comment ni pourquoi) ; un flot ininterrompu, nous harcelant sans répit, de sentiments et de pensées, de vagues souvenirs du passé et de spéculations confuses sur l'avenir. C'est ainsi que j'ai toujours vécu moi-même, en m'intéressant seulement à ce qui apporte amour et joie. La vie, désolante de médiocrité, et si complexe malgré sa banalité

Ivan Bounine, *La vie d'Arséniev*.

3ème Invitation
à Passer à la Postérité

Nos idées sont les succédanés de nos chagrins
Marcel Proust

Mai 1992

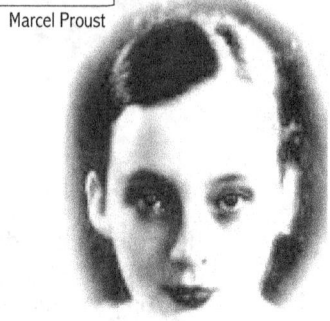

Peindre ou ne pas peindre

Pauvre petit

Un peintre aujourd'hui qui ne veut pas pratiquer d'autre métier que la peinture doit se retirer du monde. Ou faire preuve d'imagination non seulement dans l'invention de ses peintures (c'est facile, j'y pense tout le temps) mais aussi dans leur distribution. Surtout, surtout quand c'est un pauvre petit peintre qu'effarouche la belle prestance des grands galeristes, qu'ennuient les salons et les chausse-trapes des loueurs de cimaises, que lassent les employés de Jack Lang et toutes ces minutieuses stratégies à tenir pour approcher les gens influents. Ce n'est même plus de l'imagination qu'il lui faut, c'est de l'apholidousse.

Ma folie douce, c'est de vouloir exister tout seul en tant qu'artiste, dans une saine indifférence à l'égard des plus ou moins puissants de l'art installé. Mais comment faire pour, simplement, subsister sans eux ? Et quand on ne sait pas non plus, ni ne veut, faire de l'art reconnaissable et aisé pour tous les jours, pour tout le monde. Car je ne peins que pour des cas particuliers, des raisons fugitives, des individus individuels. Et c'est là que je m'adresse à vous.

Pour peindre, je dois établir une relation entre le sujet, la peinture et moi.

Mais le sujet, c'est qui, c'est quoi ? Quand c'est moi qui le fournis, je reste sur un monologue : c'est acceptable parfois, le monologue intérieur. Mais à trop forte dose, ça devient stérile spirituellement, et non viable économiquement. Jusqu'à un blocage, une impossibilité à la fois morale et matérielle de continuer à peindre. Petit a : à quoi bon peindre ? Petit b : trouver vite autre chose pour gagner sa vie. C'est en cherchant à sauter ce double obstacle dans mon cheminement de peintre que j'ai imaginé ce qui suit. Je ne veux m'adresser qu'à quelques dizaines de personnes que je peux voir, rencontrer, avec qui je peux discuter, correspondre. Sans arrière-pensée, arrière-goût de relation-à-cultiver. Au sein d'un univers médiatique, c'est-à-dire où la relation entre artiste et public est filtrée par des institutions -état, mécénat, médias, tralalas-, je cherche à recréer une relation im–médiate : l'artiste de proximité en complément des grandes surfaces de la culture.

Cette relation est un commerce dans les deux sens du terme :

Système de relations réciproques.
Échange de marchandises et d'argent.

Le système de relations réciproques, c'est demander non pas à un public en général mais à une personne en particulier (vous) d'apporter une matière première personnelle à transformer en peinture. Le plus simple : une image, une photo… Ce peut être aussi une idée, une intention, quelque chose de vague qui se précise dans une conversation. Ou un objet, un lieu que vous m'emmenez voir. Ou plus classiquement vous prenez la pose. A partir de cet apport, j'invente en toute liberté un tableau selon le pur arbitraire de mon inspiration, inspiration activée par le risque agréable que vous prenez en me faisant travailler.

Vous êtes le déclencheur d'un tableau que vous n'auriez pas fait ainsi, et qui n'aurait pas non plus existé sans vous, votre existence, votre action. Et moi je sais que je peins pour une personne : la foule indifférenciée s'efface, le désert recule, deux êtres humains se rencontrent dans l'espace sidérant d'une peinture.

Joufflu

L'échange de marchandises et d'argent : ça parait trivial après toute cette métaphysique. Et ça ne l'est pas. Le commerce est du sang, il fait vivre le corps où il circule, le corps joufflu et fessu de notre société opulente. Mais quand le sang est trop riche par ici, trop pauvre par là, mal réparti, ça fait mal, ça gratte, c'est pas beau. Moi je cherche, de là où je suis, à rétablir une bonne circulation de l'argent dans la partie charnue et âmue du corps social où je me situe. Pour maintenir en vie et dans la joie une façon de pratiquer la peinture en-dehors des grands machins artistiques, mais en évitant aussi le narcissisme nécrosant du mauvais artiste maudit maussade et maugréant.

Fessu

Pour rétablir cette bonne circulation de sang–argent, je vous propose donc à vous, individu individuel, de tenir ce rôle réservé d'habitude au Ministère de Culture, au Mécénat d'Entreprise, aux Grandes Galeries et autres Gros Organes : vous échangez une (petite et middle-class) somme d'argent contre la transformation artistique de la matière première de votre choix – image, objet, idée – … qui vous est ainsi dédiée, avec la possibilité de l'acquérir ensuite. Vous faites du mécénat intéressé comme les grands, mais à l'échelon démocratique. Et dans une relation moins bureaucratique, économique ou mondaine. Une relation, modestement, humaine.

Et voilà. Si on le veut, la peinture est un moyen de se faire des surprises, changer le monde, un monde, le sien. Un moyen accessible : il suffit de répondre à ce courrier. Voir ci-contre.

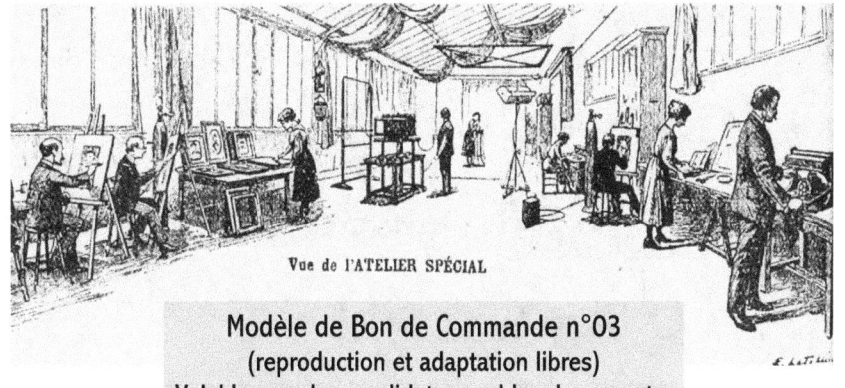

Modèle de Bon de Commande n°03
(reproduction et adaptation libres)
Valable pour les candidats capables de remonter dans le temps.

Bon de commande à utiliser avant le 1er mai 1992

Moi _____
agissant tel un être humain normal
et certifiant sur l'honneur n'être pas une vilaine institution,

Je veux faire peindre, à mes risques et plaisirs,
Yves Desvaux Veeska, autre être humain normal quoiqu'un peu artiste.

A cet effet, je joins la matière première à transformer en peinture :

- ☐ photo
- ☐ dessin, peinture, croquis...
- ☐ autre image
- ☐ objet
- ☐ lettre
- ☐ coup de téléphone
- ☐ conversation, rencontre *
- ☐ pose *
- ☐ lieu à venir voir *
- ☐ autre idée

*prendre rendez-vous

Je choisis mon format et mon investissement :

	Prix pour déclencher la création d'une peinture		Somme complémentaire pour l'achat éventuel de l'oeuvre finie	
ACRYLIQUES SUR PAPIER				
20 X 30 cm	200 fr	☐	400 fr	☐
38 X 53 cm	250 fr	☐	950 fr	☐
50 X 65 cm	300 fr	☐	1100 fr	☐
ACRYLIQUES SUR TOILE				
50 X 65 cm	400 fr	☐	1300 fr	☐
65 X 92 cm	600 fr	☐	2400 fr	☐
89 X 130 cm	800 fr	☐	3700 fr	☐

AUTRES FORMATS : demander l'autorisation au commissaire culturel de votre quartier.

Conscient de la mission artistique qui m'est échue, je retourne dès aujourd'hui ce bon complété, avec matière première et financement, à :

à Yves DESVAUX VEESKA
59 rue Jules Ferry
92250 LA GARENNE COLOMBES
Tél : 46.13.79.95.

Votre adresse : _____
_____
/ / / / / /
Tél : _____

L'oeuvre que vous allez déclencher, et toutes les autres produites par les première, deuxième et troisième " Invitations à Passer à la Postérité " seront exposées du 14 décembre 1992 au 10 janvier 1993 à la GALERIE MAURICE RAVEL, 6 avenue Maurice Ravel, Paris.

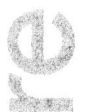

CE N'EST PAS MOI QUI LE DIT :

Il ne faut pas oublier la maladie de l'argent qui dort. L'argent, comme le sang, est fait pour circuler. On meurt d'hémorragie mais aussi de caillot. Enfouir son talent, c'est refuser la vie qui est une prise de risque.

Christine Coquerelle, *Actualité des Religions* 09-2000

♦

(…) On découvre une situation nouvelle des artistes qui créent leur propre structure de production et de distribution. Non seulement ils établissent une réflexion sur l'économie, mais l'économie devient elle-même une partie de leur travail. (…) Ils n'agissent pas contre les structures existantes, mais ils développent une nouvelle approche du contexte artistique.

Hans Ulbricht Obrik
Interview dans *Beaux-Arts*, 05-98.

♦

L'opération qui consiste à exposer un objet de série dans le musée « pour lui donner une nouvelle idée » (définition du ready-made par Marcel Duchamp) s'apparente à une opération de commerce, d'import-export. (…) [Il faut envisager] le commerce comme un humanisme, pratique du contact et acclimatation salutaire à l'étranger. Le commerçant, premier artiste relationnel ?

Nicolas Bourriaud, *Le ready-made et les camelots,* Beaux-Arts 09-99

Mon Dieu, comme je déteste tout ceci – les choses de la vitrine, le visage obtus de la marchandise, et par-dessus tout le cérémonial des transactions, l'échange de compliments écœurants avant et après ! Et ces cils baissés des prix modestes... La noblesse du rabais ... L'altruisme de la réclame... Toute cette exécrable imitation du bien qui a une étrange façon d'attirer les bonnes âmes.

V. Nabokov (1899-1977), *Le Don.*

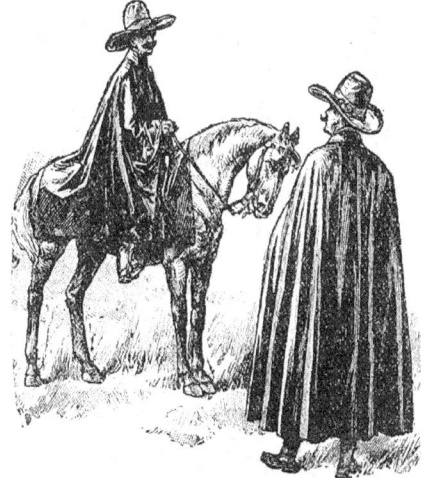

Décembre i 1992

4ème Invitation à Passer à la Postérité

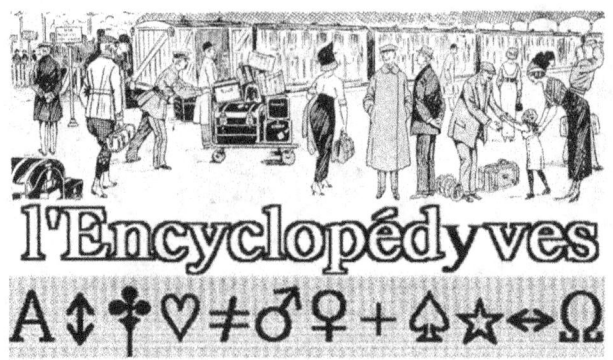

Bienvenue dans l'Ordre Alphabétique Inlassablement Accueillant

Des gens comme vous, Connus et Importants, figurent déjà dans *l'Encyclopédyves*. En tout cas, connus de moi, importants pour moi. C'est gentil parce que je les ai *invités à passer à la postérité* au moyen d'un petit texte comme celui-ci, et ils m'ont répondu : – je viens. A la suite de quoi une partie de leur histoire, de leur pensée, d'eux, est devenue une peinture faite pour eux, par moi, confortablement installée avec sa légende parmi les Noms Propres de *l'Encyclopédyves*.

Et c'est vraiment arrivé à **des gens comme vous, c'est-à-dire complètement différents les uns des autres.** Qui ne savent même pas encore ce que c'est, *l'Encyclopédyves,* et vous allez devoir comme eux lire toutes ces lignes pour comprendre et sauter de joie.

Voilà. C'est arrivé après des recherches, enfin surtout des rêveries approfondies. Je suis arrivé un jour à cette drôle de conclusion – regardée à l'envers, elle ressemblait assez à une introduction – que le monde était décidément bien compliqué. Mais aussi suffisamment intéressant – et en tout cas obligatoire : il est bien là – pour mériter un toilettage, quelque action pour le rendre plus compréhensible, plus clair.

Grosse valise intellectuelle

D'autres penseurs se sont déjà penchés sur cette question : des religions, des idéologies, des campagnes de pub, des études de marché ont été des tentatives récentes de tout expliquer, tout comprendre, tout englober une bonne fois pour toutes. Mais elles se sont avérées insuffisantes ces tentatives, car il reste toujours un truc qui dépasse, un phénomène irréductible qu'on se croit obligé de supprimer afin que tout tienne dans une seule grosse valise intellectuelle. Et c'est sur le quai, au moment où arrive le grand train sonore et bondé de la vie réelle, que les fermetures mutines du lourd bagage intellectuel sautent, et que toutes les pensées s'étalent et s'envolent et se mêlent aux papiers que balaye jour après jour le chef de gare qui se prend pour Dieu. Alors le voyageur trop chargé, mal chargé, rate son train et se fait piteusement oublier.

Pour éviter ce genre d'incident qui vous condamne toute une vie de labeur cervical en un tour de main, non sans avoir semé dans le cas des penseurs trop écoutés par trop de gens une crise par ci, une guerre par là, je crois avoir trouvé ma solution.

Idées coquines

Ici, le lecteur optimiste et indulgent s'attend à une révélation, l'émergence soudaine, lumineuse et solennelle d'une belle idée générale, entourée d'une suite altière d'intéressantes idées secondaires pour faire le service d'ordre. Et justement, non, je suis désolé. Je n'y arrive pas. Désolé ? Non, je suis content. **Je n'ai plus d'idées générales, je n'ai plus que des idées particulières, individuelles, bondissantes, indociles, coquines ou sérieuses, aimables ou mordantes,** qui s'ébattent joyeusement et surtout se combinent inlassablement dans tous les sens avec une souplesse, une vitesse à vous user les adjectifs.

–« Que faire ? » comme l'écrivait Lénine et comme le disait Madame Lénine aussi d'ailleurs. Mettre tout le monde en rang, c'est non. Sauf si c'est pour jouer. **Jouer à faire une encyclopédie, un généreux rassemblement de choses délectables et purement personnelles, une *Encyclopédyves* imaginaire** qui recense au hasard de leur rencontre les idées et les choses, et aussi les personnes. Un recensement fait d'**images peintes à la main** avec pour matériau les petits mots, les images, les idées aux couleurs changeantes que je collecte, comme là tout de suite, autour de moi. Et avec cela, **des courts écrits guillerets pour les accompagner ces peintures, et d'autres textes exquis qui vivent leur vie tout seul,** sortis sans crier gare en ouvrant l'œil dans le train, ou au lit –ils n'ont pas le même genre alors. Le tout, peinture et criture, folâtrant dans le paisible chemin creux de l'ordre alphabétique pour faire comme les vraies encyclopédies, si rassurantes par là. Et on aime être rassuré, c'est une des formes de la jouissance.

Curiosité aimante

Dans cette *Encyclopédyves,* le monde est décrit par l'accessoire, le fortuit, l'air de rien : que les sens et le sens se débrouillent avec leur homonymie pour extraire jour après jour la poésie fugitive dans cette excitante salade, parce que vous le savez sans doute : l'univers est très, mais alors très poétique. Au point de favoriser avec une injustice presque gênante les penseurs les moins scientistes, les artistes les moins systématiques.

Je veux faire comme eux, garder mes sens en éveil, observer le monde et le refabriquer pour le plaisir des combinaisons nouvelles, et imprévisibles, de mon seul point de vue, curiosité aimante pour tout ce qui est inclassable, et en même temps respect filial de certains ordres, des touneufs, ou bien des familiers comme l'alphabétique que je chéris.

Un dernier point. Non seulement l'univers est poétique, mais en plus il évolue actuellement dans l'économie de marché. Et cette coïncidence tordante amène la proposition suivante : dans toute encyclopédie, il y a des Noms Propres, pour les Grands Hommes, les Grandes Femmes, les Grandes Personnes. Et des Lieux, des Monuments, des Actions. Et vous ? Et toi ? Et l'autre, et moi ?

Moi, je fais ma propre encyclopédie, *l'Encyclopédyves*. Pour les individus non représentatifs (parce qu'uniques), les choses peu caractéristiques (parce qu'exceptionnelles), les actions jamais reconnues (parce que trop subtiles).

Et pour la faire, cette *Encyclopédyves,* je fais appel à votre participation : vous allez jeter ce papier à la poubelle et puis, après un doute fécond, le récupérer bien vite. **Pour me faire travailler :** je suis un *peintre - poète public,* qui fait des images et qui écrit pour le boulanger qui fait mon pain, l'infirmière qui me soigne, le professeur qui éduque mes enfants. Et pas pour tout le monde en même temps, un à la fois. Et vous, là, en train de buter sur cette ligne, **vous pouvez aussi figurer dans** *l'Encyclopédyves,* **dans la rubrique de votre choix, en peinture et en toutes lettres. Il suffit de me le demander.**

Mais l'autre

La peinture est un moyen de repeindre son plafond; ou de refaire le monde (pas complètement surtout, à sa pointure seulement). L'écriture sert à remplir des formulaires sérieux, et des coupons - réponse qui le sont moins (ci-dessous). Elle sert même aux œuvres d'imagination.

Pour vous et si ça me chante aussi, je suis de là où je suis et avec ce que je sais faire, pas le peintre qui repeint les plafonds, mais l'autre. Pas l'écrivain des formulaires sérieux, mais l'autre.

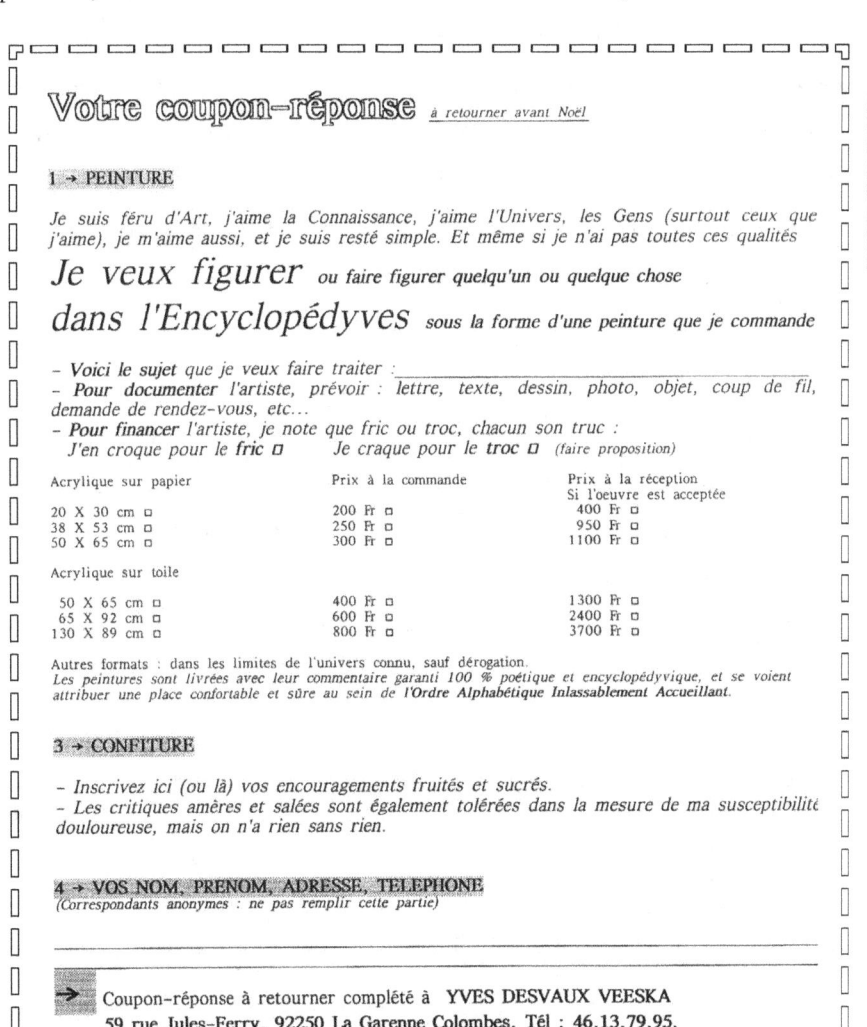

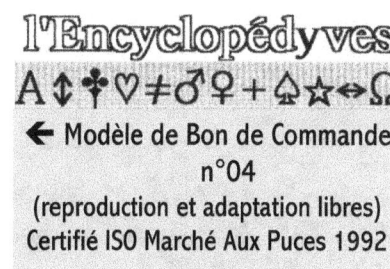

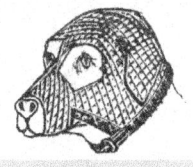

CE N'EST PAS MOI QUI LE DIT :

Ses raisonnements sont remarquablement rigoureux et clairs et l'induisent invariablement en erreur. Mais son sentiment poétique intervient brusquement et le conduit à la vérité

G.K. Chesterton (1874-1936) *Le club des métiers bizarres.*

Les dérisions, telles des complices, rythment les vérités.

Boris Schreiber, *Hors-les-murs,* 1998.

> Texte d'invitation pour une expo, décembre 1993
> Composition : une dose de prétention, une once de démagogie, trempée d'une pointe d'humour pour rendre digeste.

Ma grand-mère me parlait souvent de la fin du XXe siècle. Vers 1993, 1994. A cette époque, Yves Desvaux Veeska était encore bien vivant,

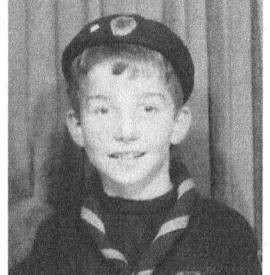

et on pouvait même facilement aller chez lui : en effet, il organisait de ci, de là de petites expositions savoureuses pour montrer ses dernières œuvres, invitant amis, élèves, sans plus de façons que cela.

Elle, qui en ce temps avait quelques siècles de moins, s'était offert une petite toile pour une bouchée de pain. Elle aimait raconter comme elle avait eu tout le loisir de la contempler paisiblement, un verre à la main, en agréable compagnie : pour me faire enrager en pensant à ces tumultueuses rétrospectives d'aujourd'hui où l'on doit réserver, piétiner, où un peu de bien aux yeux se conquiert avec beaucoup de mal aux pieds. Pour elle, ni file d'attente, ni billet à prendre, mais un bon fauteuil pour bavarder avec l'artiste devant ses œuvres fraîches.

C'est vrai qu'elle l'a bien connu. Mais absolument par hasard car elle ne fréquentait aucun milieu artistique ou littéraire. En fait, il donnait ces fameux cours de peinture où il livrait sans barguigner chacun de ses secrets de fabrication. Les dits secrets, faut-il le préciser, étaient d'une nature telle que nombreux sont les élèves qui ont découvert en fin de compte la mine de peinture qu'ils avaient déjà en eux-mêmes, avec enfin les moyens de l'exploiter.

Ma grand-mère, je m'en rends compte, s'est révélée une grande, très grande amateur en peinture. Les trente pièces de notre maison de famille (acquise d'ailleurs en gageant cette fameuse petite toile d'Yves Desvaux Veeska) sont garnies de ses propres œuvres, ébouriffantes, rapportées de ces stages qu'elle faisait avec son professeur préféré. Cela paraît incroyable aujourd'hui, mais on pouvait passer à l'époque et sans aucune recommandation spéciale une semaine à la campagne avec lui : il apportait chevalets, peintures, papiers et pinceaux ; il faisait même les courses au supermarché ! Et toutes les journées s'écoulaient sur un nuage, dans une ambiance telle qu'on n'en parle plus que dans les livres.

J'ai retrouvé de vieilles invitations à des expositions, de vieux prospectus de cours et de stages. Vivre à nouveau ce bon temps !

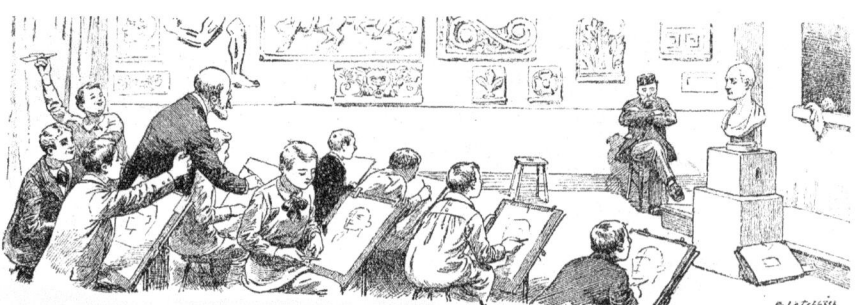

JUIN 1994, Atelier-Musée

Centre d'Art Contemporain d'Avant-Garde Ultra-Moderne

(C.A.C.A.G.U.M.)

PETITE EXPOSITION PRIVÉE
De Toute Ostentation Mais Uniquement Sur Rendez-Vous

LE C.A.C.A.G.U.M EN DEUX MOTS

Centre d'Art Contemporain d'Avant-Garde Ultra-Moderne, il s'étend sur 21 m² (+8 m² de cave) non loin de La Défense, et comporte une collection de 784 œuvres rangées et répertoriées avec le plus grand tsouin. Fondé et animé par Yves Desvaux Veeska au troisième étage avec ascenseur du 23 rue Pasteur à La Garenne Colombes, il a été conçu pour permettre l'élaboration d'une œuvre ambitieuse comme tout, genre re–création d'un univers et sa description sous forme encyclopédique avec plein d'images peintes à la main soulignées de textes drôles, émouvants et poétiques, vous voyez le tableau, traversée de périodes de doutes métaphysiques : **la Vie avec un grand M.**

Le C.A.C.A.G.U.M, d'Yves Desvaux Veeska, c'est 21m² pour le 21e siècle, un monde d'art, de poésie, de connaissance, avec des temps prévus pour la sieste aussi.

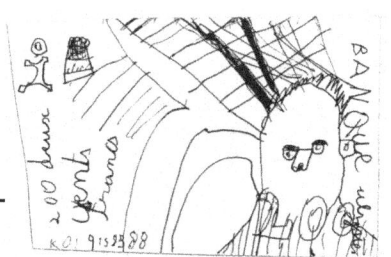
Billet de banque, par Ulysse, 6 ans

Les artistes sont une espèce à part. Je te conseille de t'en méfier ! C'est une race robuste, qui se sert de ses faiblesses comme d'un déguisement. Un artiste survivra à un coup de massue qui assommerait un homme ordinaire. Non qu'il soit insensible à la douleur, mais elle ne lui fait pas mal, au contraire : il la transpose dans son œuvre et en tire profit !

Hjalmar Söderberg, Le jeu sérieux

Jouez à l'artiste
(1996 - Publié dans Peindre en liberté n°2)

Les artistes « simulationnistes » s'adonnent au simulacre, c'est-à-dire imitent de manière parodique la production et la présentation d'œuvres d'art ou d'objets ordinaires désignés comme œuvres d'art. McCollum constitue des collections de tableaux monochromes ou de vases en plâtre installés par milliers dans les galeries ou les musées. Philip Taafe réinterprète indistinctement les peintures de Matisse, Newmann, Twombly, Riley. Peter Halley refait du Mondrian, du Stella, du Judd ou du Albers. Et d'autres artistes reproduisent d'autres artistes et ainsi de suite. En effet, nombre d'œuvres sont par nature très simples à reproduire. Cela enlève t-il de l'émotion à celui qui ressent pour elles de l'émotion ? Cela ne crée t-il pas d'autres sens ? Mais on peut aussi s'amuser à reproduire au second degré des croûtes de peintre du dimanche, et aller jusqu'à se faire passer pour un authentique peintre du dimanche.

On peut non seulement imiter des artistes, mais imiter des artistes créant des mouvements artistiques. Par exemple, le mouvement des Parartistes, qui font travailler les peintres amateurs dans divers ateliers, juste pour voir ce qui se passe quand on déclenche des actions de peindre chez les autres.

Grands artistes, artistes maudits, peintres du dimanche… Et on peut aussi imiter les artistes qui dessinent pour le compte des établissements financiers les billets de banques, les chèques : Michel Journiac en 1970 imagine le Manifeste du chèque : il échange des chèques-œuvres de 300F contre leur valeur en espèces.

Moi aussi je veux bien jouer.

Association de ratés.
J'ai le projet de créer une association de ratés. Cette association, je ne chercherai personne pour la monter avec moi, de peur que ça marche.
Le but de cette association sera de bien vivre le fait de tout rater. Je pense que ça ne changera rien à rien, je continuerai de rater et d'en être malheureux. En effet, il ne suffit pas de rater, ni même de tout rater : il faut devenir soi-même un raté. Et comme il reste le risque d'y réussir un tout petit peu, je peux imaginer de réussir une bricole sans importance de temps en temps afin de prolonger inutilement l'espoir de m'en sortir.

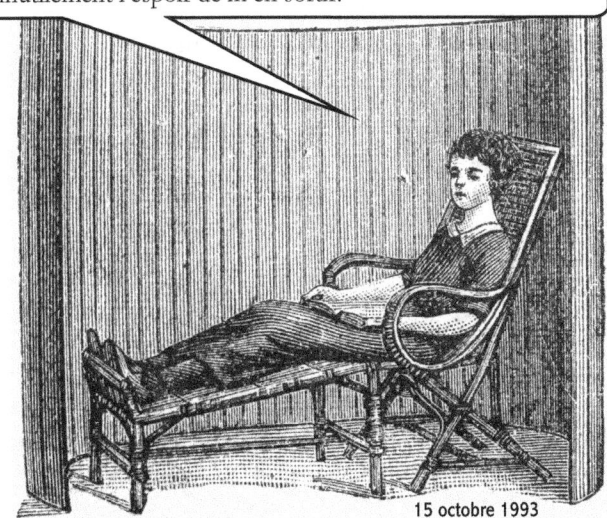

15 octobre 1993

Votre Art Conceptuel À Vous et Sur Mesure .... (projet inédit, resté à l'état de…concept) 07-10-97

Les « Mosaïcones »

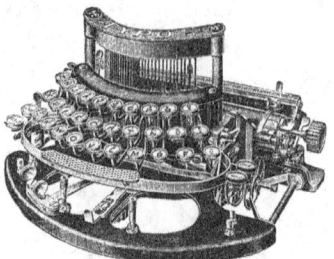

Sur les traces de Marcel Duchamp et de ses Ready-made, les acteurs de l'art conceptuel délaissent a priori la production d'un objet d'art pour s'intéresser au pourquoi de l'art. Ils proposent un questionnement sur le langage, sur la signification de l'acte artistique. Leur travail se présente le plus souvent sous la forme de textes, de citations, de revues, de livres.
Pascale Le Thorel-Daviot *Petit dictionnaire des artistes contemporains*

Vous n'êtes pas obligé de lire ce texte, mais je sollicite, de chaque personne ici présente, qu'elle m'apporte chaque fois qu'elle vient à l'atelier un morceau de papier de 4 x 6 cm :
- en fait, de un à huit morceaux de papier, verticaux, de 4 x 6 cm ;
- comportant dessin, ou peinture, collage, photo, écriture ; ou toute idée pouvant prendre sa place dans une mosaïque de papier ;
- sur un thème nouveau proposé chaque semaine ;
- possibilité d'en envoyer aussi par la poste.

Ce que j'attends de vous : une bribe de réel obéissant à cette unité de mesure personnelle : 4 x 6 cm. Cette action va vous transformer en amateur et collectionneur d'art averti. Comment ? Pourquoi ? Alors il faut lire ce qui suit.

Le plus gros savon du monde

À la Fiac cette année encore (1997), comme dans toutes les grandes manifestations d'art contemporain *institutionnel*, les artistes ne sont pas représentés directement, mais par l'intermédiaire de galeries et de grands marchands ayant leurs entrées dans les médias, les musées, les ministères, et chez les collectionneurs fortunés.
Ces artistes-là ne travaillent pas pour de simples particuliers comme vous et moi, qui avons envie d'accrocher une peinture sur un mur, un modeste rectangle où notre esprit peut se poser, se reposer, et d'où il peut aussi s'envoler.
Ces grands noms de la scène de l'art œuvrent avant tout pour des institutions, car elles seules peuvent accueillir et financer leurs installations artistiques, souvent de grandes choses spectaculaires et encombrantes (*Le plus gros savon du monde*, de Fabrice Hybert), ou d'un fonctionnement ésotérique, parfois provocateur (*l'Orgue à pet* de Gilles Barbier) nécessitant surtout l'assistance d'un critique, plus un galeriste, plus un mécène pour être visible pour le spectateur et viable économiquement pour l'auteur.
Artiste moi aussi, contemporain selon l'ordre des choses, je continue comme beaucoup d'inconnus à produire de simples tableaux : objets uniques, non spectaculaires, faits à la main avec principalement de la peinture et vendus pas très chers. Avec le désir en composant chaque tableau qu'il rencontre celui qui va l'aimer, l'acheter et le regarder longtemps. Sans passer pour cela par des montages complexes avec ces lieux de pouvoir où fonctionnent les acteurs du marché de l'art institutionnel.

Et ces petits carreaux ?

Pourtant, je suis intéressé depuis longtemps par ces artistes et ces machineries artistiques qui, d'un mouvement à l'autre, d'une forme à l'autre, sous une appellation ou une autre, nous re-posent chaque fois la troublante question de la définition de l'art (voir en annexe une sélection d'artistes concernés par le sujet). Ce qu'on dit être l'art change selon les peuples, les époques ; et notre époque est trouble, ce qui me conduit, à côté de mes tableaux où je recherche plutôt une forme de méditation vierge de toute analyse ou discours, à envisager cette action artistique des « *Mosaïcones* » pour d'autres moments de ma vie d'artiste. Et en vous y faisant participer, parce que la transmission et le partage d'idées artistiques font partie de ma démarche.
Et ces petits carreaux de 4 x 6 cm ? De par le monde, des millions de personnes produisent chaque jour des millions de peinture (et des milliards d'autres personnes des milliards d'autres choses). Et j'ai toujours à l'esprit cette sensation vertigineuse de l'infime place que nous tenons dans l'espace et dans le temps, et de notre farouche détermination à nous cramponner cependant chacun à notre vie et à notre œuvre quelle qu'elle soit, art ou pas. Alors, avec d'un côté les grosses institutions artistiques dont je ne suis pas ; et de l'autre côté ce grouillement anonyme de l'activité humaine, je cherche à installer ma petite fabrique d'art conceptuel. Une petite fabrique qui, par son projet simple, léger et peu coûteux, n'a pas besoin de mécène intéressé, une petite fabrique à ma mesure qui s'adresse aux simples particuliers que je fréquente.
Que va t-elle fabriquer, cette fabrique ? J'aime les choses mesurées, modestes. Mes peintures sont déjà ainsi, à leur manière : des assemblages de formes et de couleurs, où chaque forme est un peu la lettre d'un alphabet personnel qui se compose en mots, en phrases et en poèmes visuels. Tout est calculé avec soin, en se calant le plus souvent sur une dimension voisine de la page d'écriture. Le calligraphe et le typographe cohabitent avec le peintre qui ajoute ses petites perturbations vivifiantes dans la logique paisible de la composition.

L'inimaginable

Dans le même esprit, les « *Mosaïcones* » vont à leur manière faire preuve de mesure, en entreprenant de collecter des fragments du réel ramenés à une norme standardisée : petits papiers ou autres matériaux légers de 4 x 6 cm, verticaux ; sur tout sujet, tels dessin, peinture, collage, photo, poème ou autre trace de votre action; avec un thème nouveau proposé chaque semaine. Ces petites icônes que je vous demanderai de me fournir à chacune de nos rencontres, je les assemblerai par thèmes sur des pages 20 x 30 cm. Ces pages seront destinées à être séparées et mises sous cadre en petits tableaux d'une part; et d'autre part photocopiées en couleur pour se constituer en recueils.

Les données de composition que je propose ne sont pas le fruit du hasard. J'ai choisi cette dimension de 4 x 6 cm parce qu'elle est proportionnelle à mon format fétiche de 20 x 30 cm, proche de la page d'écriture; Chaque icône doit pouvoir être créée et perçue comme un mini tableau ; mais aussi se fondre dans la mosaïque où elle se trouve, comme la lettre dans le mot et le mot dans la phrase. Les icônes seront assemblées par 9, parce que c'est le dernier chiffre avant la chute dans l'anonymat des nombres. Des modifications de ces données pourront survenir en cas de besoin, mais dans un esprit avant tout conservateur (dans le sens : Conservateur de Musée ou de Bibliothèque).

Mais pourquoi entreprendre cela ? Chaque semaine je rencontre un bon nombre de personnes faisant de la peinture avec moi. Beaucoup de choses se passent, se pensent, se font, se disent autour de la peinture et se dispersent sans qu'il m'en reste une trace. Et là, un moyen m'apparaît qui me donne l'occasion pour chaque semaine avec vous d'en retirer une œuvre *inimaginable,* parce que créée par le brassage d'imaginations différentes de la mienne.

La main à la pâte

Il y a encore autre chose. Les *« Mosaïcones »* comportent une dimension économique, comme je l'avais déjà entrepris en 1991 et 92 avec les « Invitations à Passer à la Postérité » et « l'Encyclopédyves » dont elles constituent la suite. A chaque époque ses dominantes culturelles, et aujourd'hui l'économique tend à passer devant le politique ou le religieux. Aux artistes d'y réagir avec leur sensibilité, et selon leurs capacités. L'art conceptuel –ou ses dérivés– ne fonctionne en général qu'à l'aide d'une institution qui soutient l'artiste, le rend opérationnel, visible, et transforme aussi ses idées en réalisation puis en revenus. Par exemple : « Invité à la documenta X de Kassel, Jean-Luc Moulène n'expose rien mais fait paraître, dans les journaux d'Allemagne et d'ailleurs, des photos non légendées énigmatiques comme une publicité sans slogan ... » (Beaux-Arts, oct. 97). Cette action artistique, comment la financer ?

Cette question se pose pour moi aussi : les *« Mosaïcones »*, comment les financer ? N'ayant personne derrière moi, voici la solution devant moi : chaque page composée de 9 rectangles de 4 x 6 cm, signée, numérotée dans mon catalogue raisonné, munie d'un certificat d'authenticité, est vendue 1000 Fr. Elle permet à l'acheteur qui le souhaite d'être invité à peindre dans un de mes ateliers, pour une formation gratuite d'une durée à discuter. Ainsi, vous acquérez non seulement une œuvre personnelle, mais toute la démarche qui y mène. Démarche qui suppose que l'apprenti collectionneur auquel je m'adresse mette la main à la pâte, en faisant lui-même de la peinture avec moi. Cette proposition étant limitée par le nombre de places.

Ainsi je relie, comme je cherche à le faire depuis toujours, différents fils qui mènent à la création : peindre, écrire, partager mes techniques et mes idées; et puis regarder le temps passer, le mesurer; mettre en relation les gens ; jouer avec les valeurs et les règles d'une époque donnée, la mienne, que je ne comprends pas vraiment et dont j'essaye, avec mes jeux d'artiste, de rendre l'opacité plus gaie.

Moi aussi je me suis demandé si je pouvais vendre quelque chose et réussir dans la vie.

Marcel Broodthaers (1924-1976)

THÈMES DES MOSAÏCONES Vous pouvez me fournir jusqu'à 8 carreaux par semaine, sur un des thèmes ci-dessous. Selon la semaine où nous serons, je vous indiquerai le thème qui lui correspond. Afin de favoriser les rencontres de papiers, une même personne ne peut pas faire plus de huit carreaux sur le même thème. Date limite d'utilisation : voir haut page précédente.

1. Nuages
2. Bibelots
3. 24 cm² de peinture réussie, prélevés
   sur une peinture ratée.
4. Fétiches
5. Herbes
6. Cailloux
7. Roues
8. Haïkus
9. Cubes
10. Prénoms et dates de naissance.
11. Empreintes corporelles
12. Papiers blancs ou presque blancs.
13. Recettes de cuisine préférées
14. Messages personnels écrits en miroir.
15. Monotypes noirs
16. Mini-collage noir et blanc sans gris
17. Mini mosaïque de 24 cm²
18. Rouge
19. Blanc, rouge, noir géométriques.
20. Signes ocres jaune et rouge
21. 24 cm² de tout petits signes noirs
22. Calligraphie de l'alphabet
23. Instruments de mesure
24. Miniature kitsch personnelle
25. Maisons
26. Bout de papier sauvé de la corbeille
27. Dessinez en détail et comme vous pouvez ce qui est devant vous
28. Une question écrite en blanc sur noir
29. Découpez et retouchez un fragment
    de reproduction de tableau
30. Reproduction d'un morceau d'image que je vous fournis
31. Le plus long texte possible sur 24 cm

> En plus de ma pratique de peintre, des souvenirs de lecture, des artistes qui m'ont marqué, des citations glanées ici ou là sont à l'origine de cette action des « *Mosaïcones* ».

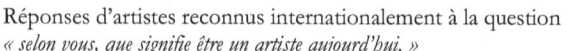

Jorge-Luis Borges, *La Bibliothèque de Babel.*
Dans cette nouvelle, et si je me fie à ma mémoire, l'auteur imagine une bibliothèque constituée de toutes les combinaisons possibles, dans un livre de cent pages, des lettres de l'alphabet. Le hasard recréerait forcément les chefs-d'œuvre de la littérature, comporterait la description du passé et du futur des sociétés et des individus, voire de chaque molécule observés de n'importe quel point de vue, contiendrait toutes les vérités scientifiques, la sagesse philosophique, mais aussi tous les mensonges, toutes les horreurs possibles. Cependant tous ces textes seraient introuvables dans la masse innombrable des livres où l'assemblage des lettres ne produirait aucun sens, ou des fragments de sens isolés dans le non-sens. Mon projet de mosaïque est comme un fragment minuscule d'une « Iconothèque de Babel ».

Roman Opalka, *Détails. .*
Cet artiste né en 1931 à Hocquincourt, peint depuis 1965 la série des *Détails*. Avec un pinceau n°0, il dessine la suite des nombres sur des toiles de 196 x 135 cm, de 1 jusqu'à un infini que sa mort, selon lui, interrompra entre 77 777 777 et 88 888 888. Chaque nouveau nombre est un peu plus foncé au début, un peu plus clair à la fin car le pinceau est moins chargé. Les toiles deviennent aussi de plus en plus claires en avançant dans le temps, leur couleur étant chaque fois plus diluée. À la fin de chaque toile, Opalka se photographie en noir et blanc, de face, avec une chemise blanche, et enregistre sa voix énonçant les chiffres tracés ce jour-là. D'année en année, de toile en toile, le passage du temps s'inscrit dans cette œuvre avec une puissance d'évocation fascinante.

Clara Alter, Pierre Abeille
Deux artistes qui probablement ne se connaissent pas, mais travaillent de manière proche : ils tracent des petits signes sur des feuilles, denses et répétitifs, sans intention particulière, formant des nuages graphiques. Une forme de méditation qui passe par le pinceau.

Gilbert & George
Ces deux artistes britanniques, non seulement se connaissent, mais vivent et travaillent ensemble dans leur maison-atelier, et s'habillent à l'identique en complets-veston ; ils composent et signent comme une seule personne et avec une impeccable rigueur formelle des assemblages d'images perturbantes mais distanciées, le plus souvent autobiographiques. Toute leur action artistique est rigoureusement quadrillée, archivée, lissant ainsi la cruauté du réel.

Dans le cadre de leur projet *Quite Normal Luxury,* (Du luxe assez normal) deux artistes, **Swetlana Hegger** et **Plamen Dejanov** créent une installation dans un centre d'art contemporain : « Dream City ». Cette installation consiste en un stand de vente de BMW, avec présentoirs pour dépliants promotionnels, un dessin du roadster et deux vendeurs prêts à recevoir la clientèle. Il s'agit de passer du principe –acquis- de vendre un ready-made, au principe de vendre, au titre d'œuvre d'art, un processus de vente d'un ready-made.

Cette démarche remet évidemment en question les limites de l'art, et par là même celles acceptables par l'institution. Elle ouvre aussi le débat sur ce qui est exposable ou non au sein d'un musée, n'épargnant pas l'éthique parfois rigide de certains acteurs de l'art. Radicalement tournée vers l'avenir, cette réflexion sur la position des artistes face à l'économie pourrait bien un jour faire admettre que le commerce peut aussi devenir un art.

D'après Olivier Renau,
BMW, le capital art. Beaux-Arts 09/99

Après l'artisanat, victime dès le XVIIIᵉ siècle des effets de la fabrication industrielle, c'est au XXᵉ siècle, l'art qui subit à son tour, de plein fouet, l'impact de la répétition industrielle.

Paul Virilio, *La procédure silence*
Manière de voir 06/2001

Réponses d'artistes reconnus internationalement à la question :
« *selon vous, que signifie être un artiste aujourd'hui.* »

Krystufek : « On voyage tout le temps. On passe plus de temps à parler avec les gens qu'à son travail. On passe plus de soirées à des dîners d'affaires et à des fêtes que dans son atelier. On doit parler anglais. Si on ne peut pas se permettre d'avoir un assistant, la moitié de son occupation ressemble beaucoup au travail d'une secrétaire. »

Guo-Qiang : « Cela veut dire qu'on doit courir les ambassades pour obtenir de nouveaux visas, passer la douane, attendre les arrangements, prendre des avions, inspecter des sites, faire des propositions et des budgets, tout cela en supportant les décalages horaires. En même temps, on doit aussi faire attention de ne pas s'épuiser complètement. »

Eichhorn : « Merci pour la question. Je préfère ne pas donner de réponse à cette question. »

Propos recueillis par *Beaux-Arts* N° spécial
Aujourd'hui, qu'est-ce que l'art, 15-12-99.

Extraits du *Petit dictionnaire des artistes contemporains* de Pascale Le Thorel-Daviot petit ouvrage concis et maniable (1996, réédité depuis), plutôt centré sur les artistes des pays riches, dont je vous conseille l'acquisition (en caractères normaux, citations de P. Le Thorel-Daviot, en *italiques*, citations des artistes). Je ne souscris pas à toutes ces démarches que je cite, mais ces extraits sont à considérer du fait que je les rapproche entre eux, et par rapport à mon propre texte.

Carl André
Carl André crée des *"structures primaires"*, à partir d'éléments produits industriellement et non transformés. (...) Pour lui, « *l'art est ce que l'artiste dit être de l'art, l'art est ce que l'artiste fait* ». Il juxtapose sur le sol en pavements, en échiquiers, ses matériaux bruts (...) Il les arrange en colonnes, alignements, marches ou volumes qui alimentent une réflexion sur l'espace, sa géométrie, son architecture (...).

Donald Bæchler
Il voyage dans le monde entier et rassemble une collection de dessins qu'il fait exécuter par les personnes qu'il rencontre. Il « *observe la manière dont les gens dessinent* » et cela lui « *enseigne des choses inconnues ... »*

Mel Bochner
Il réfléchit aux relations que l'art entretient avec « *les structures mathématiques et linguistiques* ». « *La véritable énergie de l'art est une énergie mentale. Mais elle n'est pas intellectuelle. L'émotion qui vient de l'esprit, c'est ça la force dynamique. Ce n'est pas la pensée analytique mais l'impitoyable remise en question qui crée le changement.* »

Marcel Broodthærs
Poète avant tout, Marcel Broodthærs réfléchit sur les rapports entre l'artiste et la société. En 1964, lors de sa première exposition personnelle, il annonce délibérément sur le carton :

« *Moi aussi je me suis demandé si je pouvais vendre quelque chose et réussir dans la vie* » Il transforme donc ses derniers volumes de poésie en les coulant dans le plâtre. (...) Il compose des « tableaux » avec des moules, des œufs, du charbon, des bouteilles. De 1968 à 1972, il se nomme conservateur de son *Musée d'Art Moderne, département des Aigles* et appose, à côté de chaque objet exposé, la mention *« Ceci n'est pas un objet d'art »*. Il propose des environnements, des séries de *Fictions de musée* et des sortes de ready-made en référence à des écrivains, des poètes, des maîtres anciens. Mais, avant tout, il décide de *« refuser la délivrance d'un message clair, comme si ce rôle pouvait incomber à l'artiste. »*

Victor Burgin
« *L'art n'est utile que dans la mesure où il réussit à produire des articulations originales pour assumer ou contredire les normes institutionnalisées* »

Hanne Darboven
Elle invente une *« numérologie »* personnelle et, additionnant les jours aux jours, emplit des feuilles de papier millimétré (...) Elle réalise des encyclopédies où elle mêle indices, photographies ainsi qu'analyses politiques et sociales.

Ludger Gerdes
Il décide de sortir l'art contemporain des institutions pour qu'il ne soit plus seulement un *« art d'exposition »* mais qu'il existe *« par rapport à la réalité, à des situations, des devoirs et des problèmes réellement existants. »*

Jochen Gerz
« *Quand je pense à l'art, je ne pense pas à l'idée de faire quelque chose. Tôt ou tard, je pense à être. Pour moi, l'art reste lié à son origine, être. C'est aussi la manifestation la plus radicale du non-dit que l'on puisse produire, même si cela ne l'est pas vraiment actuellement - et ce qu'il y a de plus opposé à nous. Peut-être que l'on fait ce que l'on ne peut pas être. »*

Hans Haacke
Hans Haacke dénonce la réalité d'une collusion entre les artistes contemporains et les multinationales ou les mécènes institutionnels : « *selon moi, le monde de l'art fait partie intégrante de l'industrie de la conscience. Ses productions et ses débats, comme ceux des autres composantes de l'industrie, interagissent avec le politique et le climat idéologique, même si ce processus n'est pas facile à décrire* »

Valerie Jaudon
« *Mon travail est abstrait (...) Un alphabet peut être lu comme une figure, aussi facilement qu'une figure peut être lue comme un alphabet. Plutôt que des images référencées, il existe dans ma peinture des codes de représentation - ce n'est pas tellement ce que nous voyons mais comment nous le voyons. L'art, c'est comme une conversation, une inscription dans le quotidien. »*

On Kawara
Le 4 janvier 1966, On Kawara commence la série des *Aujourd'hui* et des *Peintures datées*. Sur un fond monochrome à l'acrylique, il indique la date de fabrication de la toile. Si à minuit elle n'est pas terminée, elle est détruite. (...) Il tient personnellement un catalogue raisonné annuel et très précis de cette série

Martin Kippenberger
(…) A *la fin des années soixante-dix, il se voit « plutôt comme un représentant. [il vend] des idées, [il est] les communique. [Il est] bien plus proche des gens que celui qui peint des toiles »* (...)

Joseph Kosuth
« *Je crois qu'être artiste aujourd'hui, c'est remettre en cause la nature de l'art - être "créatif", pour moi, c'est cela. Cela implique une responsabilité totale de l'artiste en tant qu'individu face aux implications politiques, sociales, et culturelles de son activité.* »

Sol LeWitt
Le travail de Sol LeWitt est fondé sur l'idée que le moment important est celui de la conceptualisation et non celui de la réalisation, que « *l'exécution est une affaire sans importance* ». Il fait réaliser ses œuvres par des assistants. Les règles sont posées dans les années soixante : utilisation de lois mathématiques (...). Sculptures et peintures sont conçus en fonction des lieux d'exposition, en réutilisant les mêmes bases formelles, les mêmes structures primaires. « *Utiliser une forme simple de façon répétée limite le champ de l'œuvre et concentre l'intensité, l'arrangement de la forme. Cet arrangement devient la finalité de l'œuvre tandis que la forme n'en est plus que l'outil.* »

Allan McCollum
Il « *isole les rituels qui montrent l'art* ». Dans des séries comme les *Parfaits Véhicules*, les *Substituts*, ou les *Œuvres individuelles*, il constitue des collections d'objets-simulations d'œuvres d'art. Il moule dans le plâtre des vases, des monochromes pastels ou noirs et blancs, et les installe par milliers dans les galeries ou dans les musées. Il critique la valeur commerciale de l'objet d'art et pour mieux le démystifier, essaie de « *produire plus d'œuvres que ce que la plupart des musées possèdent dans leur inventaire* » Son propos est social : Allan McCollum dénonce l'élitisme des valeurs esthétiques.

Tim Rollins & KOS
Tim Rollins travaille avec une dizaine de jeunes issus du South Bronx à New York, les Kids Of Survivals (KOS) qui ont des problèmes culturels (analphabétisme) et affectifs. Tim Rollins pense que l'on peut fondre deux pratiques -l'art et son enseignement- en une seule, et qu'ainsi « *l'enseignement devient l'art* ». (...) Ils considèrent leurs peintures comme des *"trophées"* comme la partie émergée de l'histoire *"d'un don mutuel"* dans le monde de l'art contemporain.

Lawrence Weiner
(...) Il définit des propositions conceptuelles, des mots qui font toujours référence au matériau. Il formule ses propres lois : il peut matérialiser l'œuvre ou la vendre à un *"réceptionnaire"* qui lui-même décidera de la réaliser ou non (...). « *Être matérialiste veut dire qu'on s'implique avant tout dans les matériaux, alors que je m'implique avant tout dans l'art. On pourrait dire que les matériaux sont le sujet, mais que la raison d'être se situe au-delà des matériaux, dans cet ailleurs qu'est l'art.* »

Mosaïcones : proposition allégée donnée en exercice, 08-10-97 [N.B. : Mosaïque + Icône = *Mosaïcone*.]

Pour commencer la réalisation d'une action artistique personnelle simple mais encore mystérieuse -et en phase de mise au point- à laquelle je vous convie, j'ai besoin de votre contribution. Je vous demande simplement :

- De m'apporter ou de m'envoyer des petits morceaux de papier ou autres matériaux légers.
- D'un format vertical de 4 x 6 cm.
- Comportant peinture, ou dessin, écriture, collage, photo, matière...
- Propres et nets pour pouvoir être assemblés en mosaïque.
- Chaque bout de papier étant une sorte d'icône sur un thème donné, à interpréter à votre idée.
- Chaque thème peut être traité de une à huit fois par une personne.

Pour me permettre de m'y retrouver, merci de noter au dos de vos bouts de papier le numéro du thème (voir page précédente). Quand j'aurai réuni un certain nombre de bouts de papier "icônes", j'entreprendrai de les assembler en mosaïque dans un but qui n'est pas encore clairement défini. C'est juste une petite aventure picturale sans prétention à laquelle vous allez, sans rien risquer, être associé(e). Merci de votre participation.(P.S : en 2007, 10 ans après, j'annonce que les bouts d'icônes attendent sagement dans une boîte en carton, en rêvant de l'œuvre poétique inaltérable, quoiqu'incréée, dont ils sont toujours porteurs.)

Mercredi 14 juin 2000 - Paru dans ARTISTES N°88

Pas seul au monde pour exposer

Voici quelques recommandations élémentaires et dépourvues d'humour pour prospecter un lieu d'exposition. Prenez d'abord conscience que chaque membre de jury, galeriste ou autre voit défiler sous ses yeux des dizaines de dossiers, des centaines de photos de peintures, toutes plus diverses les unes que les autres. Si votre dossier est trop abondant, trop « salade composée », il gâche ses chances de passer un premier filtrage. Soyez concis, ne montrez que le meilleur, en rassemblant quelques œuvres dans le même esprit qui, dans un océan de documents visionnés à la file, donneront envie soudain de s'arrêter, de faire une pause pour mieux les regarder.

Pas de vrac
Soignez la présentation et le côté pratique de la manipulation de votre dossier. Pas de formats divers, de documents horizontaux mélangés à des verticaux, pas de vrac ! Quand des règles de présentation de dossier sont imposées, suivez-les à la lettre ou renoncez. Évitez les C-V qui se poussent du col : si vous êtes inconnu, seule votre peinture compte. Les textes de présentation ronflants, les récompenses locales et les coupures de presse régionales encombrent la vision de votre travail et, au final, le desservent.

La bonne peinture au bon endroit
Avant de préparer et d'envoyer un dossier, vérifiez que votre travail a un rapport avec la galerie ou le salon où vous postulez. Si vous visez la FIAC, circulez, il n'y a rien à voir : cette foire est réservée aux galerie, et seulement aux galeries de renommée internationale. Si vous postulez pour le Grand Marché d'Art Contemporain, sachez que le niveau artistique du dossier n'a aucune importance, puisqu'il s'agit seulement de location de stands. D'une manière assez logique, commencez par examiner avec attention ce qui est présenté dans tel lieu ou telle manifestation pour juger si votre peinture paraît s'accorder avec les choix du jury ou du galeriste. En vous intéressant à leurs choix, vous augmentez vos chances de les intéresser à vous. En sachant cependant qu'une œuvre « outsider » a aussi ses chances. N'oubliez pas d'être sélectif de votre côté, en n'acceptant pas de cohabiter avec n'importe quelles croûtes de n'importe quel salon. Pensez aussi à vous méfier des aigrefins qui vous envoient de fausses lettres personnalisées « j'ai beaucoup apprécié votre travail, etc... » pour vous vendre des services coûteux et inutiles. En règle générale, un diffuseur d'art honnête ne commence pas par faire payer l'artiste qu'il prend en charge, sauf s'il s'agit d'une modeste cotisation associative. Autre piège connu : la galerie ne vous fait rien payer au départ, mais prend 50% sur les ventes, sans disposer d'aucune clientèle à elle et se contentant de taxer 50% sur les achats de votre famille et de vos amis. Autant alors réaliser vos transactions sans intermédiaire !

Savoir conclure
Exposer, c'est difficile, mais aussi important, voire indispensable pour avancer dans son parcours de peintre : ça force à conclure ses peintures, on les encadre et on les en aime mieux. Quand elles sont au mur, seules et en pleine lumière, on se dit : c'est moi qui ai fait ça ? En bien ou en mal, on s'en détache, on devient plus objectif sur leur compte, et cela donne envie de continuer, d'aller plus loin, ailleurs peut-être. Si vous hésitez encore, commencez par exposer tout simplement chez vous, en poussant les meubles et en invitant vos voisins et amis. C'est une bonne solution pour une première fois : vous trouvez là une occasion de faire une petite fête, d'enrichir vos relations avec vos proches. Vous pouvez même en profiter pour vendre quelques peintures qui, au lieu de prendre la poussière dans un coin d'atelier ou de débarras, iront vivre leur vie quelque part.

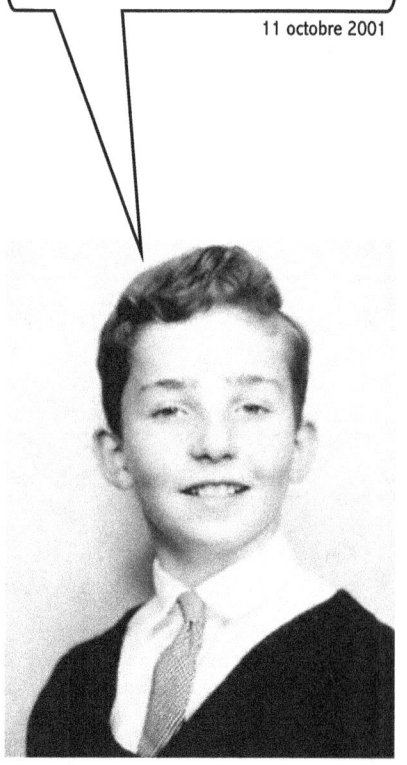

Le non-beurre et le non-argent du non-beurre

Aujourd'hui, je pense un peu, de loin, à des peintures à venir. Je travaille lentement, en silence, comme une terre hivernale loin du printemps. J'essaie de préserver mon carré de jardin des mauvaises herbes que sont le souci de produire, de plaire, de vendre.

Notre monde est déjà plein de marchandises et de stratégies pour les écouler, alors je reste circonspect avant d'en rajouter.

Cette difficulté de se retenir de produire, d'exposer, de vendre, difficulté à la fois matérielle et existentielle (tout de suite les grands mots), ne m'apportera peut-être rien sur aucun plan. On ne peut pas avoir le non-beurre et le non-argent du non-beurre. Mais de la décrire me procure déjà un certain amusement, une agréable légèreté et ça tombe bien, c'est juste dans cette direction-là que je voudrais aller.

11 octobre 2001

« L'Art Flévoum », les « Invitations à Passer à la Postérité », « l'Encyclopédyves », « le C.A.C.A.G U.M », les « Mosaïcônes », et maintenant « la Fondation Veeska ». Non seulement je suis artiste, mais je suis aussi entrepreneur.

Ce qui me guide : la recherche du profit. Mais au sens, profiter de la vie. La recherche du gain : gagner l'estime de mes semblables. À la liberté du marché, je préfère la liberté tout court. À la concurrence je préfère la coopération, le partage. Je ne fabrique pas de grandes quantités d'objets artistiques, mais je vis beaucoup de temps artistiques. Et tout ça, sans prétention aucune, surtout.

Décembre 2006, Portes ouvertes à mon atelier de La Garenne-Colombes

La Fondation Veeska

La Fondation Cartier, la Fondation Louis Vuitton, la Fondation Veeska ont l'honneur de.

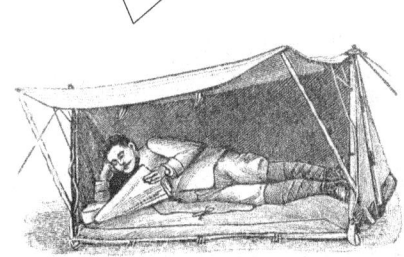

Le Centre d'Art contemporain de, la Mairie de, le Collectif d'artistes de, vous invitent à.

Que d'art partout. De la quantité ! De la qualité ! Avec aussi un peu de superflu. Bien, très bien.

Moi, je fais mon boulot d'artiste paisiblement, sans surchauffe, et sans Vuittier ni Carton ni les autres : des peintures concentrées en petits formats, des textes brefs, des photos, des montages. À voir tout simplement dans mon atelier *(La Fondation Veeska ?)* Des œuvres de l'année et d'autres vieillies en fûts, "de garde". Surtout, ne pas en faire de trop, et laisser sa place à l'imagination.

Travailler moins pour travailler mieux. Prendre son temps, le partager. C'est peut-être ça le vrai luxe ? Et l'art de vivre, un bon préalable pour faire de l'art ?

Ce qui m'intéresse dans les œuvres d'art éphémères, c'est qu'elles atteignent, d'une manière ou d'une autre, une sorte d'instant éternel. La possibilité de refaire les œuvres à tout moment leur permet d'échapper au temps, au vieillissement. J'aime l'idée que mes œuvres restent dans des dossiers et que ce soit simplement l'énergie qui puisse les faire renaître. S'il n'y a pas d'envie, les choses restent dans les dossiers et c'est très bien.

Michel Blazy, dans Beaux-Arts magazine 11-2007 (peintures à la Danette, lavis de flocons de pommes de terre, sculptures en biscuits pour chiens…)

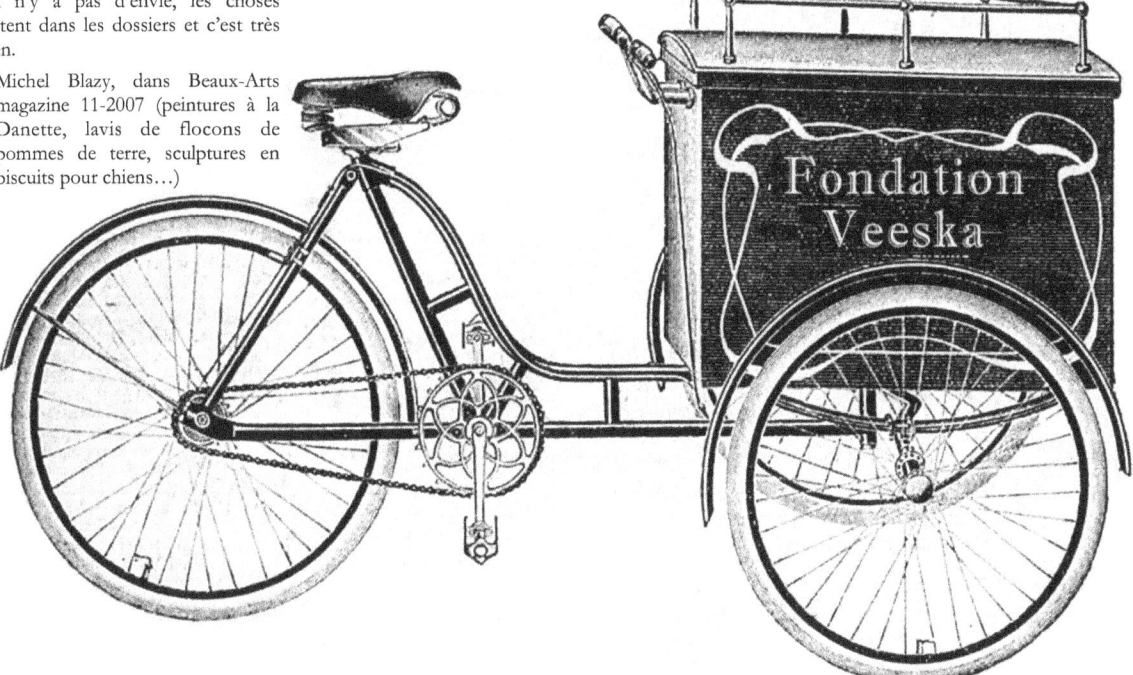

La Fondation Veeska n'existe qu'en imagination, mais elle existe.

Comme elle n'existe qu'en imagination, il n'y a pas de queue aux caisses, et d'ailleurs, il n'y a pas de caisses.

J'ai fait tout ça gratuitement, parce qu'un jour j'aimerais bien faire de l'art, mais alors, impayable !

Février, mars, avril 2007, 8 textes pour changer la face du monde mais ça n'a pas complètement marché

Toutes les transgressions sauf une

Un artiste, Pinoncelli, a été condamné le 24 janvier 2006 par le tribunal de grande instance de Paris à 14 352 € d'amende pour avoir pissé dans un urinoir, et l'avoir ensuite fêlé d'un coup de marteau.

Cet urinoir est une des huit répliques du fameux ready-made de Duchamp, intitulé « Fontaine ». Le Centre Pompidou demandait (mais n'a pas obtenu) pour cet acte 427 000 euros de préjudice matériel, cet réplique d'urinoir étant estimé (*estimé*, vraiment ?) la bagatelle de 2,8 millions d'euros.

Ça fait un siècle que Duchamp a remis en cause le statut de l'œuvre d'art avec ses *ready-made*. Mais question statut et remise en cause, il y a encore du boulot : la relation entre l'art et l'argent, l'art et le marché, l'art et le copyright, l'art et le nom. Apparemment ces statuts-là sont beaucoup plus résistants, ces remises en cause moins tolérées, ces libertés moins reconnues. On veut bien des transgressions, toutes les transgressions. Sauf une : touchez pas au business. Faites-nous du spectaculaire, du trash, du rigolo, faites-nous du luxueux ou de l'hermétique, mais que ça se vende ou que ça fasse de l'audience. Au final, après avoir amusé la galerie en chahutant le grand public cultivé des pays riches, on tâchera de se recentrer sur le vrai bon public, le public solvable, ces élites dont la culture particulière s'intéresse plus aux niches fiscales qu'à l'histoire de l'art. On parle de la fondation Pinault, de la Fondation Cartier, de la Fondation Louis-Vuitton. C'est vrai qu'elles sont belles. On nous dit parfois que ces noms et ces marques sont les Médicis d'aujourd'hui. C'est vrai aussi. Le seul problème, c'est qu'on a le régime politique qui va avec, avec les seigneurs d'un côté et le peuple de l'autre. 1789, la Prise de la Bastille, on oublie.

Bon, peut-être (sûrement) qu'il existe encore de l'art quelque part, qui parle plus à l'esprit des amateurs qu'aux portefeuilles des nouveaux riches. Dés qu'on l'aura trouvé, on l'exposera, sa cote montera, et hop : les amateurs, laissez la place aux gens sérieux, l'art c'est fort, mais le dollar c'est plus fort. Dans une économie de marché, peut-être que le marché de l'art est à l'art ce que l'amour tarifé est à l'amour. Avec ses bordels haut de gamme (Les Fondations des marques de luxe, les grandes institutions et foires internationales…) ; et ceux d'abattage (tous ces petits salons et foires pour prolétaires de l'art). Dans les uns et les autres, il y a forcément des grands artistes bien cachés par trop de tapage ou trop de silence. Sachons les chercher.

(version complète d'un courrier paru dans Beaux-Arts magazine mars 2007)

Mouches d'art et marchédlar

ENTOMOLOGIE. Dans le nombre incalculable d'espèces de mouches d'art répertoriées jusque là, la mouche Grand-Artiste-International appartient au genre des « photophiles », attirées par certaines sortes de lumières. Notamment les lumières émises par de grosses mouches comme le « Grand-Critique-Influent, le « Curator-International », le « Businessman-International » (avec son sous-genre, le « Grand-Collectionneur-International »)

Toutes ces grosses mouches, quoique évoluant sur des terrains différents, vivent en symbiose et ont besoin les unes des autres. Les bruits de fond ou les appels ponctuels qu'elles émettent ont des longueurs d'onde qui orientent à coup sûr le vol du Grand-Artiste-International et le font produire des œuvres dont la caractéristique principale ne sera pas d'être vue, mais de faire parler, de créer une rumeur qui va attirer, en plus des grosses mouches essentielles à son existence, d'autres mouches plus petites, dites de la Classe Moyenne Cultivée.

Celles-ci, à l'appel des grosses mouches qui émettent de puissantes ondes de désir au moyen de leur surface médiatique, se rassembleront alors en colonnes devant et à l'intérieur de tumulus appelés « musée » ou « centre d'art contemporain » ou « foire » ou « fondation ». Plus les Grands-Artistes-Internationaux parviennent à attirer l'attention de grosses et petites mouches, et plus les ondes de désir s'amplifient autour d'eux. Par cycle, des mouches dominantes vieillissantes sont remplacées par des plus jeunes, et renouvellent cet écosystème qu'on appelle « marchédlar ».

5 février 2007

Refaire le monde, mais pas trop.

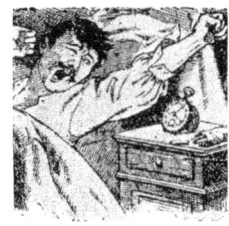

C'est extrêmement fatigant d'être paresseux, cela me demande un effort de tous les instants. D'abord, injustement, c'est mal vu. Mais par exemple, si au lieu d'être un français de la vieille Europe vivant comme un nanti sur mes avantages acquis, j'étais un américain néo-conservateur, ambitieux et combatif, j'aurais peut-être moi aussi envahi l'Irak, et cela aurait fait beaucoup de dégâts. Donc, j'ai bien fait d'être paresseux. De toute façon je ne suis qu'artiste peintre, et même si j'avais voulu, je n'aurais jamais pu envahir l'Irak.

Évidemment, du fait de ma paresse, j'ai une vie incroyablement frugale et dure : sans 4X4, sans écran plasma, mon téléphone n'est même pas de 3e génération. Mais je tiens bon quand même, parce qu'il y a la faim dans le monde et ça aide à relativiser.

Je ne suis pas paresseux par nature, ni par plaisir, mais par militantisme : mon métier, donc, c'est peintre. Il existe déjà des milliers de peintres, des milliers d'expositions de millions de peintures. Je ne voudrais pas encombrer encore. Aussi je peins lentement, avec peu de matériaux sur des formats pas trop grands. Le seul format dont la dimension m'importe, c'est le temps. Je préfère peindre longtemps sur un petit format que vite sur un grand. Je préfère regarder longtemps une peinture que vite plein de peintures. Je préfère passer plus de temps à peindre qu'à chercher des débouchés pour ma peinture, c'est un choix égoïste et absurde, mais c'est mon style de peintre. J'ai trouvé mon style. Ça ne gagne pas beaucoup si je compte en banque, mais si je compte en temps, je suis content.

Bien sûr, ce n'est pas si simple. Parfois, au détour d'un coup de pinceau, surgit un doute métaphysique : je me demande quel est le sens de la vie. Certains jours, je le cherche partout, le sens de la vie. J'étais sûr de l'avoir rangé là, dans mon atelier, et voilà, je ne le retrouve pas. Dans ce cas, pas d'énervement, je regarde le dernier attentat suicide aux infos et je me dis : pas retrouvé mon sens de la vie ? C'est vraiment que j'ai mal cherché.

Mon effort pour être paresseux tient aussi à mes préoccupations écologiques. Ça tombe bien, parce qu'on parle beaucoup d'écologie en ce moment. Sans rien faire, me voilà dans le mouvement. N'empêche que, moins je travaille, et moins je réchauffe la planète. La difficulté est de trouver la limite. Si je ne fais vraiment rien, c'est un petit peu mortel. Alors je fais un minimum, avec un brin de papier, quelques doigts de peinture et beaucoup de produits de récupération. C'est aussi pour ça que j'ai entrepris de bâtir la Fondation Veeska. Elle n'existe qu'en imagination, et l'imagination n'émet pas de CO^2.

Avec tout ça, de quoi je vis ? Puisqu'il faut bien produire quelque chose, je fabrique et je vends des peintures, mais aussi des idées de peinture. Ces peintures que vous m'achetez à l'état d'idées, c'est celle que vous devez faire vous-même en cours ou en stages. Mais ce faisant, en plus d'emporter le tableau que vous avez composé, vous avez passé du temps agréablement peut-être ? Si j'osais (mais non) je me verrais comme un bienfaiteur de l'humanité. Vous aussi, vous êtes un bienfaiteur d'au moins un six-milliardième de l'humanité quand vous vous faites plaisir sans nuire à personne, alors ?

Je suis paresseux, mais j'aime quand même très fort tous ces gens qui travaillent pour produire de la beauté, de la santé, de l'éducation, ce genre de choses. Néanmoins, j'invite instamment certaines catégories de personnels à découvrir les bienfaits de la paresse. Je pense à ceux qui dépassent allègrement les 35 heures pour alimenter les infos à coup de guerres et d'attentats, de raids boursiers assortis de plans sociaux, tout ce genre d'actions qu'on fait quand on n'a pas appris le bonheur d'une bonne sieste (amoureuse pourquoi pas ?) entre deux coups de pinceaux. Faites passer : cours de peinture gratuit sans limite de temps pour tous ces malheureux, à condition qu'ils me rendent leurs kalachnikovs, leurs hélicoptères de combats, et leurs stock-options. Ensemble, on en fera un musée.

Et moi, pendant tout le temps que j'ai passé à écrire ce texte, je n'ai rien produit d'autre. Merci quand même à ceux qui ont construit la maison où j'écris, produit la nourriture que je vais manger tout à l'heure et fabriqué les vêtements que je porte. En dehors des questions d'argent, de cote, peut-être qu'un bon critère d'évaluation pour les artistes serait celui-là : est-ce que leurs œuvres sont assez essentielles pour mériter qu'on leur dise, à eux aussi, « merci » ?

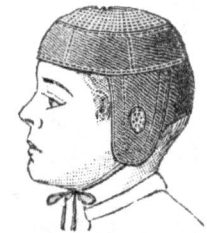

> Il faut en France beaucoup de fermeté et une grande étendue d'esprit pour se passer des charges et des emplois, et consentir à demeurer chez soi à ne rien faire. Personne presque n'a assez de mérite pour jouer ce rôle avec dignité, ni assez de fond pour remplir le vide du temps, sans ce que le vulgaire appelle des affaires.

> Il ne manque à l'oisiveté du sage qu'un meilleur nom ; et que méditer, parler, lire et être tranquille s'appelât travailler.

La Bruyère (1645-1696)

Dimanche 8 avril 2007

Peace & Love &

Des tas de grandes choses se passent dans le monde, spectaculaires et impressionnantes. S'agit-il d'une nouvelle forme d'art ? Qui les crée ? Et comment sont-elles financées ?

Soit un être humain quelconque, qui se trouve à un moment donné Président des États-Unis suite à un entretien d'embauche avec le complexe militaro-industriel (je blague). Quand cet être humain quelconque, devenu intermittent du spectacle géopolitique, dépense 660 milliards de dollars pour une aventure en Irak, il a bien trouvé l'argent quelque part. Si ce personnage bizarre avec sa drôle de tête de vieux petit garçon, a généreusement subventionné son complexe militaro-industriel, il aurait pu aussi bien subventionner quelque chose de plus sympa sans nuire à l'économie américaine ni à personne. Même vous, franchement, on vous confie 660 milliards à dépenser, vous n'avez pas une meilleure idée ? Je sais pas, moi. Du genre, un Plan Marshall pour l'Afrique, éradiquer la malaria quelque part… Ce genre de création.

Mais parfois, on veut éradiquer la malaria d'un côté, et on se tourne de l'autre et l'économie fait des bulles. Ça arrive. L'argent dans le monde, ça va, ça vient, c'est comme une peinture abstraite pleine de dégoulinures, de coulures, de taches, personne n'y comprend rien sauf l'artiste, mais lui, quand il ruine son rouge pour enrichir son bleu, personne n'en souffre vraiment. Tandis que quand l'économie fait des bulles, elles finissent par éclater comme n'importe quelle bulle. La bulle internet en 2000. La bulle de l'immobilier américain en 2007. J'adore ces histoires de bulles qui mettent un peu de légèreté dans cette science austère qu'est l'économie. Des milliards de dollars disparaissent brutalement. Ils existaient, ils n'existent plus. Magie magie. Et alors des banques centrales apportent en urgence des centaines de milliards de dollars pour secourir des pauvres petites banques moins centrales qui se sont fait mal en ruinant des petits propriétaires. Et puis quand les Bourses montent, des milliards de dollars se mettent à exister, alors que la réalité matérielle n'a aucunement augmenté dans les mêmes proportions. Où il est cet argent ? Peut-être qu'il n'a aucun rapport avec le travail, ni avec les biens matériels ? Comme l'art conceptuel ? Peut-être qu'on rêve tous, qu'on vit dans une fiction financière totale, et que ça tient parce que tout le monde croit à l'existence de cet argent en même temps. L'économie est un art, c'est sûr. La politique aussi. Un carré blanc sur fond blanc. Ça me revient, Hitler était peintre, il a été empêché de faire de la peinture, à la place il a fait de la politique, on a vu le résultat. Je dis ça, mais je n'envisage pas de fonder un parti nazi si mes affaires de peintre tournent mal, je vous rassure. En revanche, des tas de politiques, d'économistes, de financiers et de patrons feraient mieux de jouer au monopoly pour s'occuper, au lieu de passer leur temps à acheter et revendre des vraies entreprises remplies d'êtres humains (mais peut-être qu'ils ne les voient pas.)

Une peinture blanche écologique sur toile de lin bio, tendue sur des châssis ne participant pas à la déforestation. Beau comme du Malévitch équitable. On nous parle souvent de réalisme économique. J'ai du mal avec ça. C'est peut-être comme le réalisme en peinture : une pomme peinte par Magritte ne se mange pas, mais vaut quelques milliers de dollars, soit beaucoup plus cher qu'une pomme au marché. Donc, en vendant cette peinture représentant une pomme, vous pouvez acheter une pomme, mais aussi un appartement avec une cuisine, une petite assiette et un couteau pour déguster votre pomme avec élégance. Pas mal ! En tout cas, ces milliers de dollars que Magritte a peint alors

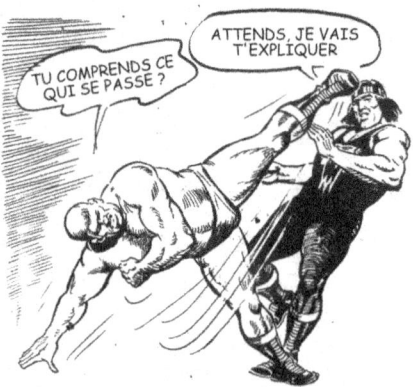

Deux économistes se rencontrent. L'un demande à l'autre : « - Tu comprends ce qui se passe ? » Et l'autre de répondre : « - Attends, je vais t'expliquer. » « - Non, non, reprends le premier, expliquer n'est pas difficile, moi aussi je suis économiste. Non, ce que je te demande, c'est : est-ce que tu comprends ? »

Dans *L'insurrection qui vient*, par Le Comité Invisible (2007)

Carré Blanc

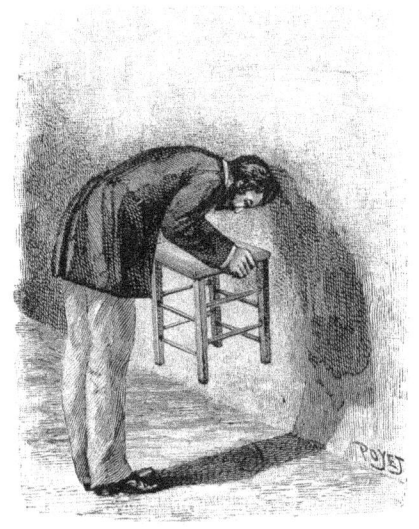

On a l'impression qu'au fond les hommes ne savent pas très bien ce qu'ils font. Ils bâtissent avec des pierres et ils ne voient pas que chacun de leurs gestes pour poser la pierre dans le mortier est accompagné d'une ombre de geste qui pose une ombre de pierre dans l'ombre du mortier. Et c'est la bâtisse d'ombre qui compte.

Jean Giono (1895-1970),
Que ma joie demeure.

qu'il croyait peindre une pomme, tout comme ces milliards qui apparaissent et disparaissent au gré des indices boursiers, je les regarde comme des œuvres d'art dans leur genre. De l'art conceptuel costaud, même. Mais à quoi servent-ils ? Comment se fait-il qu'il y ait tant de pauvres avec tout cet argent qui se balade ? Comment se fait-il qu'il y ait tant de piscines d'un côté et tant d'absence d'eau potable de l'autre ? La main invisible du marché, tu te la mets où ?

Il existe des tas de grands chefs politiques, de grands patrons, qui détiennent plein de pouvoirs. Mais il y a un pouvoir qui leur échappe le plus souvent, c'est le pouvoir de résister à l'accumulation compulsive de pouvoir et de richesse. La main invisible du marché, ils font avec ce que la pudeur m'interdit de décrire. Ces grands manitous atteints de la manie de l'accumulation sont entourés de petits manitous atteints de la même manie, eux-mêmes entourés de plus petits manitous et ainsi de suite. Passé un certain cap, on n'est plus un manitou, même tout petit, parfois un riendutou. On est un « riendutou » quand on croit au pouvoir des manitous. Peut-être qu'en étant artiste, ça m'aide à ne pas me fourvoyer sur leur terrain avec leurs règles du jeu, et à vivre autrement avec d'autres règles.

Par exemple, imaginons qu'on mesure la richesse non en dollars, mais en gentillesse. Plus tu es sympa, plus tu es riche. On parle bien de capital de sympathie, non ? Les riches ne seraient plus les mêmes. Cela dit, ça restera difficile d'être riche parce que ce n'est pas donné à tout le monde d'être gentil mais bon. Ou on mesure la richesse en comptant le prix de tous les biens dont on peut se passer : pas besoin de jet privé pour être heureux, et vous avez gagné d'une coup cinquante millions de dollars. Pas besoin de villa hollywoodienne pour être amoureux : encore cinquante millions de dollars. Certes, tout le monde ne peut pas renoncer au rêve de jet privé ou de villa hollywoodienne. Mais c'est justement ce qui fait le prix de ce renoncement.

Même sans argent et sans pouvoir, là dans ce texte j'ai convoqué des grands artistes, des grands politiques, j'ai fait circulé des millions de dollars. Mais je n'ai pas la grosse tête. Je peux y renoncer aussi vite. Si vous êtes arrivé à me lire jusque là, vous ne savez pas plus que moi pourquoi de l'art plutôt que rien. Mais la question mérite d'être posée. En étant artiste, même sans rien faire, c'est encore de l'art. Il suffit d'y penser. On peut refaire le monde sans capitaux, sans armée, sans bombe artisanale. Et refaire le monde après tout, artiste ou pas chacun en a le droit à l'heure de l'apéro. Enfin, grâce à l'art, et après avoir refait le monde, je peux aussi éprouver des vrais doutes métaphysiques et des émotions bouleversantes qui ne dérangent que moi, laissent les autres tranquilles, et qui respectent le développement durable. Tout le monde devrait être artiste. Enfin non, j'oubliais, il faut aussi quelqu'un pour s'occuper de faire à manger, et plein d'autres tâches indispensables pour la vie en société. On peut juste se passer de ceux qui font beaucoup de dégâts sur la planète : ceux-là, posez les armes, devenez peintres, danseurs, musiciens, et même si votre art c'est n'importe quoi, personne ne vous en voudra. Vous avez ce qu'il écrivait, Malevitch : « ma philosophie : détruire tous les cinquante ans villes et villages anciens, bannir la nature des limites de l'art, supprimer l'amour et la sincérité dans l'art, mais en aucun cas ne tarir la source vive de l'homme : la guerre. » Vous ne croyez pas qu'il a bien fait de s'en tenir à son « Carré blanc sur fond blanc » ?

Dimanche 8 avril 2007

Pourquoi de l'art

Pourquoi de l'art plutôt que rien ? Ces jours-ci, j'ai fait mieux que Malevitch et sa célèbre peinture « Carré blanc sur fond blanc ». Lui, c'était en 1918. C'est de l'art, ça ? « C'est n'importe quoi » fulminaient déjà à l'époque des gens de pouvoir raisonnables, ce genre de personnes sérieuses qui ont eu par ailleurs plein de bonnes raisons d'organiser une tuerie de quelques millions de personnes. C'était en 1918 comme Malévitch, et en 14, en 15, en 16, en 17. Dans le n'importe quoi, je penche plutôt du côté de Malevitch. Un carré blanc sur fond blanc n'a jamais fait de mal à personne.

J'ai aussi fait mieux que tous ces artistes qui, avec des démarches diverses, ont installé au cœur de l'histoire de l'art du XXe siècle d'autres œuvres radicales telles que des monochromes noir, blanc, bleu… J'ai fait même mieux que Yves Klein qui a exposé le vide dans une galerie, signé le ciel, etc… Je cite toutes ces actions de mémoire mais j'ai la flemme d'en vérifier l'exactitude dans des encyclopédies.

Qu'est-ce que j'ai fait de mieux au fait ?

Et bien, je n'ai rien fait, et surtout je n'en ai parlé à personne. Et surtout encore, je n'ai pas bâti de théorie autour de ma non-action. Et enfin, tout ça est resté complètement gratuit.

Dès à présent, écrivant ces lignes, je suis sur la pente descendante, je commence à alourdir, à corrompre ma splendide non-action, je n'ai pas pu tenir longtemps, je n'ai pas l'envergure, je ne gaspille même pas mon talent, je n'ai pas de talent pour ne rien faire. Parce que dès que je ne fais rien, même si je n'ai rien à dire ni rien à faire, je fais quand même quelque chose : je me sens mal.

Pourtant, ayant eu la chance de naître en France dans la deuxième partie du XXe siècle, dans la classe moyenne, j'arrive sans énormes efforts à me nourrir, me loger, me soigner, me déplacer… Honnêtement, la vie est plus facile que si j'étais né en Auvergne au temps de Gaspard des montagnes, si j'avais eu 20 ans à Verdun en 1916, que si j'étais né au Darfour ou dans une province oubliée de Chine, dans un ghetto aux États-Unis, dans la jungle colombienne, en Tchétchénie, que sais-je encore.

Je devrais avoir honte

d'avoir une vie aussi facile. D'ailleurs, j'écoute souvent des hommes politiques, des grands patrons efficaces me sermonner, m'accuser d'être un français frileux, paresseux, assis sur ses avantages acquis, qui ne travaille pas 70 heures comme un paysan chinois transplanté en ville pour fabriquer des jouets en plastique par millions qui finiront quelques mois plus tard sur le trottoir pour le ramassage des encombrants. Qui me font honte de ne pas être un éleveur de bovins écrasé de travail pour produire dans la souffrance, la sienne, celle de ses bêtes, et celle du sol et de l'air saturé de pollutions, de quoi soutenir l'obésité des populations qui les écoutent sur leur poste de télé entre deux Star'Ac. Bon, là, je digresse, quel rapport avec la peinture, avec l'art ?

Quand je fais quelque chose d'artistique, ou qui veut l'être, je culpabilise parfois : quoi, je ne suis pas là présentement en train d'inventer l'art du 21e siècle ? Je ne suis pas en train de préparer trois expositions tout en postulant à cinq salons et dix concours. Et mon réseau de relations, je le cultive ou quoi ? Et dans la presse, et sur internet, parmi les milliers d'artistes qui se bousculent, ouh ouh, je suis là moi aussi. Et la pression monte, entre les artistes haut de gamme, moyenne gamme et jusqu'aux low cost, toute cette production d'œuvres originales en batterie qui alimentent le circuit des marchands d'art casseurs de prix pour mettre l'art à-la-portée-d'tous. Fondation Cartier ? Galerie du

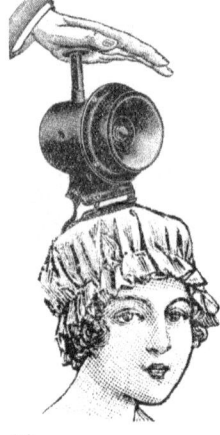

> L'art représente, dans l'économie de l'énergie humaine, la nécessité d'une dépense inutile. Une dépense improductive sans laquelle nous ne serions que des animaux asservis à l'économique.

Jean-Pierre Vincent, metteur en scène (d'après Georges Bataille), dans *Télérama* 24-09-03.

plutôt que rien

Faubourg ? Art hard discount ? C'est ça le choix ? Stop. Pourquoi je suis artiste au fait ? Pour produire de l'art, de la marchandise artistique pour le marché de l'art ? Et ben non.

Franchement, je traîne des pieds pour ça. Envie de percer ? Percer quoi ? En plus, j'ai passé le cap de la cinquantaine, ça y est, je suis dans la catégorie des seniors, si j'étais un cadre moyen (un cadre artistique moyen ?) la porte de sortie ne serait pas loin. Et justement, je ne suis pas un cadre dans une grande entreprise d'art, avec sa culture d'entreprise, ses parts de marché, son conseil d'administration, sa DRH, son bilan, ses ratios, son cash-flow, ses actionnaires… Non, je suis tout seul comme un fétu dans les remous de l'économie mondialisée, et j'essaie plutôt de ne pas me faire remarquer des fois qu'on voudrait me rééduquer. Comment j'arrive à vivre, et surtout à faire de l'art dans tout ça ?

Première épate, pardon, faute de frappe, première étape : ne rien faire, s'arrêter et réfléchir. Regarder ce que j'ai déjà fait, constater les dégâts : beaucoup de choses inutiles, d'efforts vains, mais, de temps en temps, quelque chose de sensible, voire d'humain. Tout n'est pas perdu. Les trucs d'art que j'ai pu produire, des tableaux, des écrits, des idées en l'air, des choses plus ou moins définies, n'ont pas changé la face du monde, mais que celui qui n'a jamais… pas-changé-la-face-du-monde… me jette la première pierre.

Je regarde aussi ce que de grands artistes ont réalisé : souvent, je leur trouve un gros défaut. Ils sont les seuls à engendrer chez moi un sentiment très vilain : l'envie. L'envie devant leur pouvoir de faire naître chez moi des émotions au-delà des mots, de la connaissance, de l'explicable. Et ces artistes qui me touchent, souvent ça ne leur rapporte rien directement. Soit ils sont morts depuis longtemps, soit j'ai dépensé quelques euros pour voir, lire ou entendre une œuvre qu'ils ont créée sans aucun souci de marché, ni pour parader ou exercer un pouvoir sur moi. Ce qu'ils m'apportent est sans commune mesure avec l'échange économique qu'il a pu y avoir entre nous. Peut-être que l'économie n'est pas la mesure de tout dans la condition humaine ?

Je regarde le Carré blanc sur fond blanc. Comme ce tableau célèbre coûte très cher, et qu'il n'est pas à vendre, et qu'il se trouve dans je ne sais même pas quel musée, je m'en suis refait un de tête. Ça marche quand même. Il me fait sourire, il me fait réfléchir, il me fait rêver. Je regarde un tableau de Patinir, un paysage imaginaire d'un peintre flamand du XVe siècle, beau au-delà des mots. Et pour d'autres raisons, il me transporte aussi. Celui-là, je ne le connais qu'en reproduction. Je l'aime quand même. Il existe quelque part, un jour je le verrai peut-être.

Tout bien réfléchi, même quand je me sens vide, écrasé par la concurrence et l'hyperactivité qui trépide autour de moi, quand je cherche quel don j'ai et que je doute, je remarque qu'il y a plein d'art partout déjà tout fait, qui ne demande qu'à me parler. J'écoute et je regarde bien, au-delà ce qu'on me serine de cette vie d'achats et de ventes, de temps de travail et de parts de marché, de propriété et de vol, d'obéissance et de pouvoir, de beau et de pas beau. Tout ça, c'est rien, c'est pas grave.

Il existe aussi ce droit de faire de l'art, gratuit, sans se presser, sans jouer des coudes, sans faire joli, sans faire moche. Je ne sais pas toujours à quoi ça peut ressembler, mais j'y pense et franchement, rien que d'y penser, ça me va. Au fond, je ne suis pas un productif producteur d'objets artistiques faits à la main, je suis simplement un artiste, c'est ça le truc. Et de ce fait, même sans faire d'art, je me sens libre. C'est injuste pour ceux qui bossent, mais tout le monde a le droit d'essayer.

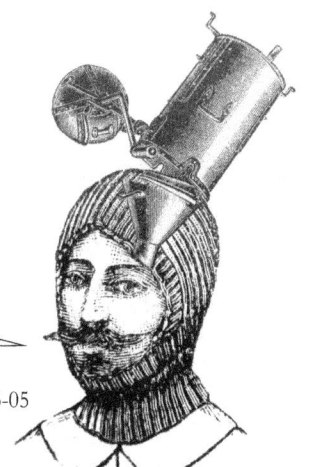

Les artistes passent leur temps à déjouer les modes de vie imposés par notre société. La plupart des plasticiens ont, par exemple, un rapport au quotidien qui reste différent. Ils investissent des lieux que personne ne veut habiter. Chez eux, c'est beau et en même temps il n'y a rien. Leur luxe est autre. J'envie plus un artiste face à ses difficultés qu'un être confronté à la tyrannie de la consommation. Ils m'ont beaucoup appris. Car bien vivre, ce n'est pas seulement bouffer et payer son loyer, c'est aussi résister à la tentation, préserver un espace de liberté, avoir une gestion discontinue du temps. Bref, c'est inventer sa vie.

Bernard Blistène, dans *Télérama* 15-06-05

Aucune ambition

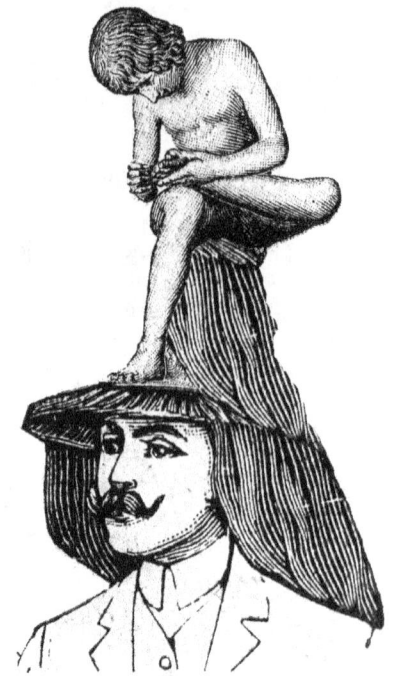

On nous parle tellement d'économie tout le temps. L'économie, oui, c'est vrai, ça irrigue toutes nos activités en société, même l'art. Mais moi, je trouve que les financiers, les banquiers, le tout-venant des hommes d'affaires, ils ne m'expliquent pas assez bien.

Et dans ma vie d'artiste, à force d'entendre parler de gros sous, je ne sais plus où j'en suis. Alors j'observe comment ils font dans les autres professions. Par exemple, je m'imagine : paysan. C'est un fantasme raisonnable. J'ai une haute idée de moi-même et je suppute que spontanément, je n'aurais pas envie de produire des produits de mauvaise qualité gustative, dans des conditions de travail épuisantes, vendus à vil prix, en m'endettant à mort, en sous-payant mes employés, en polluant les sols et l'air, en surproduisant pour détruire ensuite les excédents, en martyrisant des bêtes dans des élevages dantesques. Je n'aurais pas envie d'être subventionné pour ça, en faisant une concurrence déloyale aux agriculteurs du tiers-monde, et que ça ait en plus des conséquences néfastes pour ma santé et celle des autres. Pas trop envie.

Sauf si on me dit que c'est le progrès, bien sûr. Ou que je dois le faire pour des raisons é-co-no-miques. Là, je n'aurai plus qu'à fermer mon bec. Laisse parler les spécialistes. Mais je rêve et je vais jusqu'à imaginer que, techniquement, c'est possible pour un paysan de produire avec fierté de la nourriture de qualité en quantité, pour un prix raisonnable. Il y a même des paysans qui ont commencé. Mais ceux-là ne sont pas de vrais « exploitants agricoles », ils ne se rendent pas compte : ils rabiotent sur les pesticides, les antibiotiques, les transports, les emballages, la publicité, le marché de la décontamination des sols et celui du mal de vivre. Ils rabiotent sur tout. Beaucoup d'emplois en moins. Avec eux, on finira par licencier les intermittents du spectacle qui jouent les vieux paysans à moustache et casquette dans les clips publicitaires de l'agro-industrie.

Voilà. Je n'ai rien compris à l'économie, et c'est pour ça que je ne ferai jamais carrière dans l'art. Quoi ? Je veux rester artiste toute ma vie, au lieu de devenir un exploitant d'art comme il y a des exploitants agricoles. Aucune ambition ce mec. Ce n'est pas comme ça que la France va s'en sortir dans la mondialisation.

Dimanche 8 avril 2007

CE N'EST PAS MOI QUI LE DIT :

Être tempérant, c'est pouvoir se contenter de peu, mais ce n'est pas le peu qui importe, c'est le pouvoir, et c'est le contentement.

André Comte-Sponville, *Le Petit Traité des Grandes Vertus.*

♦

La nouvelle société de marché dans laquelle l'Occident est entré (…) un espace où l'ensemble des rapports humains répond à des exigences de nouveauté, d'attractivité et de rentabilité.

Florian Zeller, né en 1979, *La fascination du pire,* 2004

♦

La difficulté relativement nouvelle avec la société de masse est (…) qu'elle est essentiellement une société de consommateurs, où le temps du loisir ne sert plus à se perfectionner, mais à consommer de plus en plus, à se divertir de plus en plus (…) Le résultat est non pas, bien sûr, une culture de masse qui à proprement parler n'existe pas, mais un loisir de masse qui se nourrit des objets culturels du monde. Croire qu'une telle société deviendra plus « cultivée » avec le temps et le travail de l'éducation est, je crois, une erreur fatale.

Hannah Arendt, *La crise de la culture* (1961)

La culture réduite au culturel, aggravé par la diffusion de masse.

Henri Meschonnic *(Art press, été 1989)*

♦

Aménager une ville vivable et gaie, riche en interactions sociales ; développer une médecine humaine et efficace, une éducation enrichissante sont des objectifs tout aussi valables que la production en série d'automobiles ou d'équipements électroniques performants.

Félix Guattari, *Refonder les pratiques sociales* (Manière de voir, 09/93)

♦

Toute société capitaliste fonctionne régulièrement grâce à des secteurs sociaux qui ne sont ni imprégnés ni animés de l'esprit du gain et de la recherche du plus grand gain. Lorsque le haut fonctionnaire, le soldat, le magistrat, le prêtre, l'artiste, le savant sont dominés par cet esprit, la société croule et toute forme d'économie est menacée. Les biens les plus précieux et les plus nobles dans la vie des hommes, l'honneur, la joie, l'affection, le respect d'autrui, ne doivent venir sur aucun marché.

François Perroux, *Le capitalisme,* 1951

Portrait de l'artiste dans un paysage économique

Nous vivons un présent radieux où, le capitalisme ayant enfin triomphé du communisme, il a libéré… Libéré quoi au fait ? Libéré la circulation des marchandises et des capitaux. Pour la libre circulation des personnes, citoyens des pays riches, vous pouvez encore circuler, en vous mettant à poil au besoin sous le portique de sécurité (on y viendra). Mais les pauvres on verra plus tard. Ce monde d'aujourd'hui, si harmonieux, équilibre merveilleusement l'offre et la demande, par exemple l'offre de souffrance sociale avec la demande de contrôle social.

Alors moi, là-dedans, artiste, à quoi je sers ? Ça dépend où je me situe dans la grille des salaires, pardon dans la cote de l'art. Personnellement, je dois être un inadapté social, car je n'ai jamais fantasmé sur un sac Vuitton, une montre Cartier, et je m'interroge. Car ces grandes marques du luxe s'intéressent beaucoup à l'art. Tout comme moi. On a ça en commun. Mais c'est tout. Ces grands patrons du luxe construisent des musées, achètent des œuvres et louent des conservateurs de musée pour aller avec. Ils ont dû piger quelque chose ces petits malins : en effet, si l'art est une noble activité humaine, ça marche aussi très bien pour mettre en valeur les produits chics et chers. Et alors, ça leur donne un petit supplément d'âme, je ne vous dis que ça.

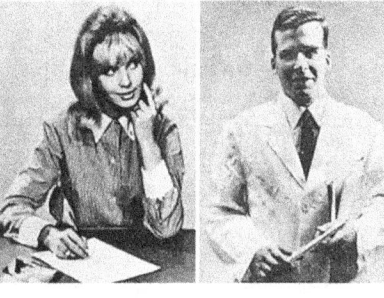

Chic et cher, l'art contemporain sait aussi se lustrer d'un vernis d'hermétisme qui ajoute à la supériorité économique un sentiment de supériorité intellectuelle, et ça, ça n'a pas de prix. Parfois, la sauce est relevée avec une petite cuiller en argent, ou une louche, de provoc. Hop ! Vous vous hissez d'un coup au-dessus de l'indignation commune du commun des mortels. Il faut bien un peu de piquant dans le morne quotidien de l'univers impitoya-ha-ble des affaires. D'autant plus que fiscalement, on s'y retrouve. Le plus beau, c'est que même produites dans ces conditions intéressées, des œuvres peuvent être intéressantes, parce que l'art, quoique passé au tamis du mercantilisme, du copinage et du renvoi d'ascenseur, reste de l'art, quand il est pur à la base. Mais il faut être un peu artiste soi-même pour faire le tri.

A noter qu'en dehors du marché de l'art, il existe d'autres formes d'art non cotées dont la valeur artistique peut varier de zéro à l'infini. Car nous avons d'autres modèles sur le marché : le grand artiste inconnu ; et le petit artiste inconnu qui mérite de le rester. Que l'artiste soit bon ou pas, c'est instructif de considérer comment il s'inscrit dans le paysage économique (une nouvelle forme du paysage dans l'art d'aujourd'hui). L'économie est finalement un système humain aussi inexplicable et mystérieux que l'art lui-même. Avec cette différence que les grandes théories des artistes vous en mettent plein la vue sans vous contraindre. Tandis que les grandes théories des économistes, des grands patrons ou des chefs politiques, font plus fort. Jamais entièrement vraies, ni entièrement fausses, elles vous propulsent dans des systèmes d'autant plus vertigineux qu'ils sont mesurés avec des chiffres et des indices et des systèmes de valeurs à la beauté paradoxale, telles ces œuvres d'art qui transforment la violence et la douleur en beauté : plus il y a d'accidents de la route, plus ça fait tourner l'économie : l'automobile, l'assurance, la santé, les pompes funèbres. Il y a des tas de points de P.I.B. qui sont des points noirs, mais ça fait du chiffre, circulez. Une bonne guerre aussi, ça crée de l'emploi et de la valeur. De la « destruction créatrice » pour reprendre une expression affectionnée des économistes *schumpétériens* (non, ce n'est pas un gros mot). Ça vous fait mal, mais c'est pour votre bien (ou pour leurs biens, peut-être ?)

Et quand vous faites de l'art non commercial, vous pensez à quoi ? - Peut-être que cette forme d'art est plus artistique, et se vend mieux. Bien répondu.

J'aime lire les chroniques économiques ou les éditoriaux politiques, autant que les critiques d'art. Et puis les relire quand ils sont périmés de quelques semaines ou plusieurs années, et constater qu'ils se bonifient en vieillissant car souvent ils en deviennent comiques. J'aime lire et relire ces grands journalistes libéraux qui traversent les décennies en inamovibles contempteurs de l'immobilisme. C'est très fort. Moi, ces lectures, je trouve qu'elles font rêver comme les discussions sérieuses de grandes personnes quand on est enfant, elles font un bruit de fond rassurant, et quand on est devenu adulte à son tour, on s'aperçoit que tout est à peu près pipeau. Et on devient artiste.

Et en tant qu'artiste, je veille : aucun fonds de pension ne doit s'inviter dans mon capital, je ne vais pas licencier mes cinquante pinceaux pour dégraisser ma masse picturale ; je ne vais pas me délocaliser en Inde (on leur a envoyé Kérouac, ils nous renvoient Mittal, merci quand même). Je ne vais pas non plus travailler plus pour gagner plus. À la rigueur travailler mieux pour vivre mieux. **Dangereux utopiste, va.**

Jeudi 5 avril 2007

Art, argent, travail et puis quoi encore ?

12 avril 2007

L'argent est une couleur, une matière, et parfois un gros souci. Je n'utilise pas souvent la couleur argent dans mes peintures, et il ne faut pas que je m'étonne si, quand je les regarde, je ne vois pas la couleur de l'argent. Mais je ne dois quand même pas oublier que l'argent est un outil commode pour échanger mes peintures contre quelque chose que je ne peux pas produire moi-même. Quand je vais au supermarché, ils n'acceptent pas mes tableaux en caisse (j'ai même pas essayé).

Je fais des peintures, et je ne cultive pas mes légumes moi-même, je ne tisse pas mes caleçons à la main, et il me faut bien de l'argent pour en acquérir auprès de gens qui en produisent, des légumes ou des caleçons (mais séparément s'il vous plaît). Il me faut même de l'argent pour me loger, me déplacer, me soigner, et donc non seulement je dois faire de l'art, mais en plus je dois le vendre. C'est cruel, et ma sensibilité alors ? Mais j'ai la chance de vivre dans un pays riche et prospère alors je ne me plains pas. Riche et prospère, avec pas mal de pauvres, travailleurs pauvres ou chômeurs pauvres, nous avons les deux modèles.

Je ne suis ni vraiment travailleur, ni chômeur, et j'arrive cependant à joindre les deux bouts, mais deux bouts, ça ne fait pas beaucoup. Tous les jours dans ma boîte aux lettres, dans la rue, dans mes journaux, sur mon PC, sur ma télé, au téléphone, partout, tout le temps, je suis harcelé par une propagande publicitaire intensive qui ferait passer la propagande des pays totalitaires pour un artisanat voué à la disparition. Tiens, d'ailleurs, l'URSS a disparu. La comparaison avec la propagande des pays totalitaires est abusive : la publicité est tellement drôle, jolie, bien faite, elle ne me contraint pas. Et d'abord, je ne suis pas une ménagère de moins de cinquante ans, donc je ne crains rien. Et puis, très tôt, elle donne aux enfants et aux adolescents le sens des vraies valeurs, pour qu'il fasse preuve de respect pour ces grandes figures de notre temps que sont Mickey, puis Ralph Lauren, Calvin Klein, puis Louis Vuitton, et tant d'autres. Elle leur donne envie de se dépasser, par exemple en se chaussant de Nike, ou en devenant des héros grâce à leur Playstation, elle les incite à prendre soin de leur santé et de leur alimentation grâce McDo, Coca, et toutes ces sociétés dont les dirigeants connaissent et apprécient (pour eux) le bon goût d'une cuisine diététique et gastronomique.

Pourquoi je parle de ça au fait ? Parce que je suis un peintre impressionniste. Évidemment, je n'ai pas les mêmes impressions que si j'avais vécu à Giverny au temps de Monet. Aujourd'hui, on ne dit plus « au temps de Monet » mais « time is money ». Et j'observe moins souvent le frémissement de la lumière à travers la tonnelle que ce kaléidoscope des rues où se rencontrent l'hystérie visuelle des publicités et la grise mine des passants, la misère des SDF et celle ces 4X4 de luxe qui ne trouvent pas à se garer, chacun son problème.

La société d'aujourd'hui m'impressionne. Je suis touché que tant de gens déploient tant d'effort, que tant d'équipes commerciales soient mises sous pression pour tenter de me faire acheter des choses auxquelles je ne pense pas, et dont je n'avais jusque là ni envie, ni besoin. Je suis fasciné par tous ces héros, ou ces gens bien, ou ces beautés de rêves, toute cette humanité magnifique qui fréquente les clips publicitaires. Le bonheur et la réalisation de soi sont vraiment à portée de main, dans des chaussures, des boissons sans sucres, des crèmes de beauté, des voitures. EDF m'apparaît comme une ONG écologique à but non lucratif. La vie est belle. Cependant, bien que n'étant nullement un traître à l'économie de marché, j'avoue que, étant nourri logé blanchi par les modestes revenus de mon activité agréable, je consacre plus du temps à la flânerie, la lecture, à peindre ou à écrire, qu'à l'acquisition de toutes ces marchandises ou services dont l'abondance me stresse même un peu. Les feignants comme moi sont peut-être la cause cachée du chômage ? Je travaille moins, je gagne moins, je dépense moins, et en plus je ne suis pas malheureux. Et si tout le monde en faisait autant ? Mais non. Le travail, ça permet aussi d'échapper à la vie de famille, et de s'acheter de l'évasion, par un moyen ou par un autre. En cachette de moi-même, il m'arrive aussi de travailler pour fuir un vide existentiel dans lequel je trébuche parfois dès le saut du lit.

L'argent, le travail, et tous ces fils invisibles faits de loyers, de remboursements d'emprunts, d'abonnements et de cotisations, en plus du panier de la ménagère, qui nous emmaillotent chaudement. Et l'art dans tout ça ? Et le commerce équitable, et le développement durable ? Et le réchauffement climatique ? Et Dieu ? Et mon dernier dégât des eaux ? Vos questions sont très intéressantes et j'y répondrai tout à l'heure : dans cinquante ans, quand je serai mort, enterré et à peu près oublié

« Mes chères filles, aimez votre situation. : la société n'est qu'une mutuelle dont riches et pauvres sont membres. »

Fascicule « *La domestique* » (1906) Archives de Gascogne, cité par François Salvaing dans *Raoul* (2004)

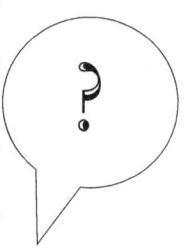

ART, ARGENT, TRAVAIL

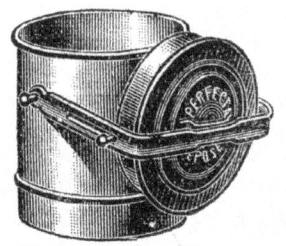

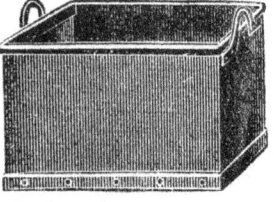

Août 2008,
révisé en mai 2009

Graines de peinture ?

La peinture est-elle un art circonscrit à une surface : le tableau, sa hauteur, sa largeur ? Un art circonscrit à l'action solitaire du peintre, muni d'outils et de matériaux, qui les dispose lui-même sur cette surface ? La peinture est souvent cela, mais selon moi elle est plus que cela.

La peinture est aussi un art du temps, comme la musique. Le temps est une des dimensions de son format : temps de la penser, de la faire, de la regarder.

La peinture est également un moyen d'échange autre que matériel. Il n'y a pas que le peintre et son tableau, l'un fabriquant l'autre pour le mettre ensuite sur le marché. Au-delà de l'objet fait de pigments, de papier ou de toile, il y a la façon de le mettre en œuvre, puis de le montrer et de le distribuer. Tout un processus que je conçois comme une des données de sa composition.

L'art de peindre, mais aussi le temps de peindre, et tous les niveaux de relations qui peuvent se créer autour d'une peinture, comme en musique entre compositeur, interprète, public, voici l'objet de la recherche picturale que je propose avec mes « Graines de peinture ».

Aujourd'hui, la forme de mes propres peintures évolue, du fait d'une pratique qui mêle peinture, photo, écriture, compositions numériques. Il y a les peintures que je fais, et celles que je sème en cours, stages ou expositions : les « graines de peintures ». Selon le terrain qui les reçoit, les soins que chacun leur prodigue, ces graines donnent naissance à de nouvelles peintures qui, saison après saison, essaiment à leur tour :

De ces graines, vos peintures ?

À quoi ressemble une graine de peinture ? C'est parfois un tableau minuscule, une sorte d'exercice de méditation. D'autres fois, une œuvre en suspens, arrêtée à un stade de son développement. D'autres fois, un projet composé de textes, d'images ou des deux. Vous en faites l'acquisition et vous trouvez au-delà de sa dimension matérielle une autre dimension : du temps. Trois heures par semaine régulièrement (les cours), ou une semaine d'affilée (les stages). La graine de peinture n'est pas qu'un tableau - objet, mais une œuvre qui contient en germe, en plus de sa forme, de sa matière et de sa couleur, d'autres peintures : les vôtres.

Pourquoi acquérir une graine de peinture ? Pour la semer bien sûr. C'est une expérience picturale, artistique, voire philosophique (en toute simplicité !) Il faut avoir envie de prendre du temps pour apprendre, créer, contempler. Chaque graine est amenée à produire des peintures comme celles que je montre sur internet* ou dans des expositions, au moyen d'exercices à la fois techniques et poétiques qui y sont associés.

Comment choisir une graine de peinture ? Vous pouvez en voir des échantillons sur le site et sur les blogs que j'anime (adresses ci-dessous)*, sachant que d'une année à l'autre, tout change : leur forme, leur technique, etc : cours, stages ou expositions, je ne propose pas deux fois la même chose. Leur prix, variable comme celui de toute peinture, dépend de leur format, non en surface, mais en temps.

Pourquoi je distribue des graines de peinture ? La vie de peintre est parfois bâtie sur des schémas qu'on a envie de remettre en cause. Peindre, oui. Mais doit-on diffuser sa peinture tous de la même façon : expositions, cocktail, vente… Si je mets de l'imaginaire dans mes peintures, de même que dans les textes et autres images que je crée, je tiens à en mettre dans ma façon de les diffuser, en les associant à un enseignement (de pure fantaisie) pour qu'elles remplissent leur rôle fécondant (et libre à chacun de me copier). Je veux semer autant de peintures que d'idées de peinture, préférant l'art au marché de l'art, le partage et l'échange à la concurrence. **Rechercher la beauté, non seulement dans la peinture, mais dans l'acte de peindre.** *Toute beauté est joie qui demeure* (John Keats)

* www.peindre-en-liberte.fr — www.peindre-en-liberte.net — www.veeska.com

3 mars 2010

Vous aimez la peinture. Vous adorerez ci-dessous un Grand Poème Artistique & Commercial que j'ai trouvé sur un site de vente de peinture en provenance de Chine. Pour une meilleure lecture de ce poème, j'ai mis bout à bout les extraits trouvés sur les différentes pages. Voilà l'avenir radieux que promet à l'art le monde de l'économie concurrentielle sans entraves. Il n'y a pas de raison que les artistes échappent à la pression que subissent tous les autres. A moins que.

A moins qu'on se rappelle que la peinture, en plus d'être un objet fabriqué puis éventuellement vendu, est en premier lieu une pratique humaine qui met en relation un peintre et un spectateur, c'est-à-dire deux êtres humains qui ne se résument pas à leur condition de travailleur et de client.

Bien d'autres métiers que celui d'artiste sont concernés par cette remarque. Que la mélancolie du Grand Poème Artistique & Commercial nous fasse réfléchir.

Le Grand Poème Artistique &

Collection de peintures à l'huile Bonne Affaire ! Trouvez des offres spéciales sur des peintures de qualité pour les prix de gros dans LightInTheBox. Notre sélection est énorme et vous êtes sûr de trouver quelque chose qui répond bien à vos décorations. Peinture abstraite Peinture de grands maîtres Peinture de paysage Peinture de personnages Peinture de fleurs Peinture animaliers Peinture de nature morte Peinture chinoise Peinture pr enfant

Catégories connexes Vêtements pour chien Outils et accessoires Education des chiens Couvre lit Porte-serviettes étagère Distributeur Papier Toilette Douchette Etageur en Verre Couteau à désosser

Vente en gros Peinture abstraite depuis la Chine, vente en gros en drop shipping Peinture abstraite, vente en gros **Peinture abstraite aux prix les plus bas !** Nos peintures à l'huile sont tous à 100% fait main par d'excellents peintres de styles différents.

Remarque : En améliorant le site français, nous vous donnerons plus tard un meilleur service. Pour l'instant, la description de cet article est traduit par Google Traduction, nous nous excusons pour des désagréments causés.

Processus de peinture
Chaque peinture à l'huile que nous vendons est peinte par des artistes de maître dans les mêmes traditions consacrées par l'usage utilisées par les artistes les plus renommés du monde, soulignant l'importance d'esthétique, la technique et le style. Beaucoup de nos artistes ont les années de formation à certaines des académies les plus excellentes d'art, la spécialisation dans le moyen d'huile sur toile. Lisez s'il vous plaît ci-dessous comment nos artistes, pas à pas, peignent les peintures à l'huile. Vous apprendrez qu'à lightinthebox, chaque peinture à l'huile est méticuleusement peinte, coup de brosse par coup de brosse, commençant avec une toile d'artiste vierge et finissant avec un vrai chef-d'œuvre

Matériel
- Les deux peintures Windsor Newton et Maries peinture marques produites par les entreprises en joint venture sont dignes d'être trusted. We habituellement ces marques à peindre nos peintures à l'huile.
- Polish oil Pétrolier polonais pouvez faire vos peintures séchés plus shinny et frais quand vous le collez sur la surface de paintings.It du pétrole a aussi pouvez faire votre paitnings pétrole comme ones.Do nouveau n'oubliez pas de poussière ou utilisez un linge humide pour nettoyer la peinture avant de coller le Polonais pétrole.
- Fibre toile C'est exquis, facile à faire propres à la texture et paitnings huile décoratives. Linge de Canas Il est rugueux et a un sens de la réalité qui est propre à un paysage classique, des natures mortes et des personnes. Pur coton canvas C'est exquis et propres à toutes sortes de gens réalistes.

Niveau qualité Peinture
-De qualité commerciale est bonne pour les clients dont les coûts sont très conscients et cherchent quelque chose de joli à accrocher dans leur maison ou bureau.
-Haute qualité est un bon compromis qualité. Les peintures auront lignes réussies, et les tons des couleurs et des détails seront plus précis que le transport commercial, mais ne pas être aussi nets et précis que la qualité musée. Vous pouvez sélectionner des images sur notre site.
-Toppest est la meilleure des 3 catégories. Le coût de ces peintures sont plus chers que la haute qualité, mais vous serez en mesure de les vendre pour un bénéfice plus élevé. Vous pouvez sélectionner des images sur notre site. Les détails, le style et les tons des couleurs sont superbes.
De ces trois tableaux, nous pouvons voir les différences entre les them.In le premier tableau, la tête de la femme est trop long et non munis d'un contour body.the de la femme est distortion.In la seconde peinture, le fond transtition couleur n'est pas très bien. Nous fournissons les peintures de la toppest qualité.

Peinture à l'huile procédure de personnalisation :
1 Choisissez les détails de votre chef-d'oeuvre d'un certain nombre d'options - taille de la toile, la peinture à moyen et du style, alors notre chiffre d'affaires de confirmer son prix avec vous (…) 3 Nous choisissons le meilleur artiste en fonction de votre photo, et on commence la peinture de votre chef-d'oeuvre.
(Exemple pour la peinture **"Lumière céleste"**)
Prix de détail: eur 68.84 — Prix de gros : eur 49.17 — Quantité: 1unité(s)
Nous emballons normalement la peinture dans un tube.
spécification: Titre **lumières célestes** - style résumé - sujet contemporaine - matériaux toile - convenable : placer pour une grande salle de séjour, les enfants chambre, bureau, café-bar, club, hôtel -

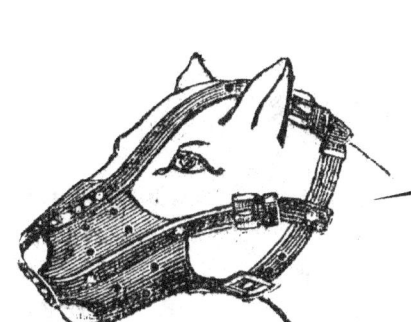

> Peinture abstraite
> aux prix les plus bas !
> Catégories connexes Education des chiens

Commercial

Fonctions : Il s'agit d'une véritable peinture à l'huile, pas d'impression ou de transfert. 100% main peinte par des artistes expert chinois peinture à l'huile sur toile réel. sans la technique numérique. -toile, pas de cadre inclus - suspendu en fil métallique non inclus / peinture sans barre tendue - cette collection d'art toile est en cours de construction sur mesure pour vous. S'il vous plaît permettre 7 - 9 jours d'affaires pour l'artiste à la fin. Voici les délais de préparation et de livraison pour nos peintures: Délai de Préparation: 8 à 10 jours ouvrables - Délai de Livraison: 5 à 8 jours ouvrables - Emballage : Toutes les peintures sont emballées soigneusement dans les tubes de protection.

Peindre avec la barre de civière processus d'emballage
Voyez comment nous emballons peinture à l'huile avec un bar sur civière

Ça fait envie ! Version originale et complète sur : http://www.lightinthebox.com/fr/grossiste-Peinture_c904

10 février 2010

La contemplation sans la possession

Il y a d'un côté un Richard Wright, lauréat du prestigieux *Turner Prize* 2009 : il crée des peintures directement sur des murs ou des plafonds, pour le temps de leur exposition. Et après, il les efface. « Je m'intéresse à la fragilité du moment de l'engagement, à mettre en valeur ce moment. Voir une œuvre en sachant qu'elle ne va pas durer donne plus d'emphase au temps de son existence (…) ce travail n'a pas à voir avec le futur mais avec le présent. Les choses importantes survivent. On peut évoquer la mort de l'œuvre, mais une partie du projet est au contraire d'intensifier la vie en elle. »

Il y a d'un autre côté le marché de l'art. Comment se débrouillera t-il avec ça : les œuvres de Richard Wright ne peuvent pas se stocker, s'acheter et se revendre.

Aujourd'hui l'invention, le nouveau, le jamais-vu, qui restent toujours des critères de valeur dans l'art contemporain, portent souvent sur la dimension marchande de l'art. Soit pour l'exacerber, comme ça a été le cas avec le pop art voici déjà un demi-siècle. Soit pour y échapper comme dans ce cas.

À côté de ça, se développent aussi ces immenses ateliers-usines en Chine, ou des dizaines de peintres alignés dans un hangar produisent en peinture à l'huile sur chevalet des peintures abstraites, figuratives, copies, originaux, tout ce que vous voulez, pour une clientèle friande d'objets traditionnels faits à la main.

En Europe, ce sont des milliers de peintres qui reproduisent dans leur atelier particulier des attitudes artistiques imprégnées de l'image de l'artiste solitaire et créateur, chacun avec sa stratégie pour gagner sa place au soleil. La lutte pour la survie, ou l'espoir de la notoriété, prenant parfois insidieusement le pas sur tout autre programme artistique.

Les artistes, comme tout le monde, tendent à se soumettre à un système où toute valeur finit par se mesurer en dollars. La cote d'un artiste, la mesure de fréquentation des expositions, le montant de ses ventes sont des critères de légitimation de son statut d'artiste.

Mais il y a cette démarche de Richard Wright, couronnée par le Turner Prize. Et aussi celle d'autres artistes comme Goldsworthy, dont les œuvres éphémères constituées d'éléments ramassés dans la nature, sont autant d'invitation à *la contemplation sans la possession*. Ces peintures ou ces installations éphémères, qui peuvent se faire et se défaire, et exister humainement sans se plier à l'obsession universelle de tout transformer en marchandises et transactions, témoignent peut-être que l'homo economicus n'a pas encore complètement supplanté l'homo sapiens. Les grands artistes encore une fois montrent la voie.

Compositeur de peintures

Un musicien peut jouer d'un instrument, et composer une partition. De même, je suis peintre, et compositeur de peintures.

Par commodité, et comme ce métier de compositeur de peintures n'existe pas encore, j'annonce que je propose des cours et des stages. Dans la forme, ça y ressemble : en séquence de trois heures hebdomadaires ou d'une semaine en continu, bien des personnes apprennent et pratiquent la peinture avec moi.

S'agit-il de formation ? D'un loisir ? Ça l'est sans que je le cherche, car en fait ce n'est pas le but. Il se trouve que, en passant, chacun apprend quelque chose et se fait plaisir.

Ma recherche est en fait d'inventer et de pratiquer ce métier de compositeur de peintures. Comme peintre, j'ai des outils et des matériaux, mes mains et mes idées… Avec lesquels je produis des peintures. Des peintures par petites séries, des exercices de méditation, où cette méditation est portée par un ensemble de données picturales (format, couleur, matière, gestuelle…) qui me permettent d'incarner ce que les mots ne peuvent saisir.

Ces données picturales, je les note pour moi, mais je les propose aussi en cours et en stage. Cela donne ce qui apparaît comme des exercices ou des sujets de peinture mais que, pour reprendre le parallèle avec la musique, je pourrais nommer « partitions de peinture ».

À force de travailler avec de mêmes personnes, je connais leurs dons à chacune, et comment elles peuvent au mieux interpréter ces « partitions ». Chaque interprétation devient une création singulière qui n'existe que par cette rencontre impossible à reproduire entre deux sensibilités, deux savoir-faire.

Dans le domaine de la peinture, la pensée dominante met en avant la figure de l'artiste solitaire, avec son nom comme une marque, son style comme un créneau marketing. Au-delà de cette caricature, il existe de vrais et grands artistes solitaires, connus ou méconnus. Mais quand même beaucoup de simples faiseurs de tableaux, professionnels ou amateurs, à la poursuite fastidieuse de la notoriété et du client.

Pour ma part, je cherche autre chose. Être peintre autrement. Pas pour être à tout prix original, mais pour suivre ma nature, et approfondir ce que les circonstances m'ont fait découvrir.

J'ai vu des milliers de peintures dans ma vie, des plus grands artistes dans les musées, aux plus complets ratages dans des salons, des foires, …ou dans mon atelier. Avec toute la gamme des niveaux intermédiaires. Cela rend circonspect. J'ai connu de rares moments d'émotion ou de bouleversement, souvent du plaisir léger et aérien. Souvent aussi de l'indifférence, ou de l'ironie devant des insuffisances prétentieuses.

Mais j'ai découvert aussi qu'il n'y avait pas que le tableau dans la peinture, objet matériel fait à la main, fini, signé et encadré. Il y a aussi le temps passé à peindre, comme le temps passé à jouer pour un musicien. Ce temps-là peut être beau, même s'il n'est pas enregistré, c'est-à-dire conclu par un tableau.

Il y a aussi le plaisir de guider une interprétation, et de découvrir la capacité d'une personne à exprimer quelque chose d'inattendu et de fort que je n'avais pas imaginé moi-même. Des peintures naissent ainsi de rencontres entre une partition et son interprétation, un peintre et un autre. Et ces peintures essaiment à nouveau dans ma pratique actuelle, se croisant avec la photo, devenant composition numérique, pour revenir ensuite à la peinture.

Je ne suis pas un professeur de peinture. D'ailleurs je suis autodidacte, sans diplôme. Je ne connais rien à la formation, et les activités de loisir ne m'intéressent pas. Je n'ai aucun goût pour animer ou distraire qui que ce soit. Je pense que chacun mérite mieux que d'être animé ou distrait. La mythologie de l'artiste m'ennuie tout autant. L'artiste comme un people de plus, ou comme un être à part pour fournir un supplément d'âme le soir et le week-end, ou à l'occasion de la retraite. Je cherche simplement à rester un être humain acceptable qui pratique un métier, la peinture, sans être un simple producteur de tableau. Je préfère être ce peintre – compositeur et interprète – qui mêle pratique personnelle et enseignement, pour faire de la peinture un art vivant qui se transforme en passant du compositeur, à l'interprète, au spectateur…

D'autres façons de pratiquer la peinture existent, et continuent d'exister. Cette pratique-là que je défends, je l'ai faite mienne, mais ce n'est pas pour en faire une marque déposée. Je ne vais pas signer l'air que je respire sous prétexte qu'il a transité par moi. Ni l'art que je respire, qui vient aussi d'ailleurs et ne fait que passer.

Extraits naturels de **L'ENCYCLOPÉDIA VEESKA**

Illustrations non contractuelles

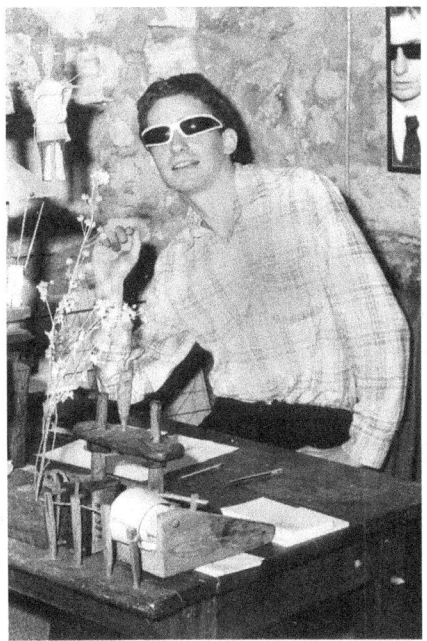

Célébrité
On peut être célèbre, mais si personne n'est au courant, ça ne sert à rien.

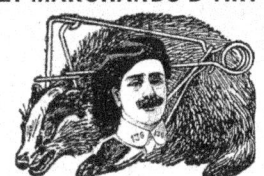

Charenthèse. Thèse, antithèse, charenthèse : plan-type pour une dissertation sur le droit à la paresse.

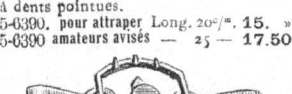

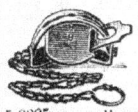

Facture
Un tableau bâclé d'un artiste connu se négocie bien plus cher qu'une œuvre de belle facture, mais d'un inconnu. La facture d'un tableau n'a rien à voir avec son prix.

Buren est un artiste qui s'est rendu célèbre par son travail sur les rayures. Mais qui est l'auteur de toutes ces bandes blanches sur les autoroutes ?

Gauguin. Peintre majeur du XIXe siècle, universellement connu pour avoir renouvelé l'iconographie des boîtes de biscuit de Pont-Aven.

Matisse. Ses papiers découpés ont profondément marqué l'art du XXe siècle. Notamment l'art de décorer les écoles maternelles.

Van Gogh. Artiste maudit consensuel, qui plaît au banquier de Manhattan comme à l'intellectuel parisien, au facteur de La Garenne-Colombes comme au yuppie de Chicago.

La place de l'art dans le métro. Dans un wagon de métro, on peut faire tenir 26 voyageurs assis, et 110 debout. Ou 3 sculptures de Botero, et 200 de Giacometti.

L'art minimal est un genre artistique qui a eu beaucoup, beaucoup, beaucoup de succès. Dans une œuvre minimaliste, on peut trouver beaucoup, beaucoup, beaucoup de choses. Parfois de la pureté. Parfois du vide. Parfois de la prétention.

Guernikea
Mot valise servant de leçon d'histoire : guerre civile → massacre de Guernica → peinture de Picasso → poster → en vente chez Ikea. Cinquante ans plus tard, le souvenir indigné du massacre décore la salle à manger.

Inspiration. Un artiste expire quand il n'a plus d'inspiration.

Minable. Quand un artiste est minable, il lui suffit de trouver un public qui le soit aussi.

Restauration. Dans les musées on voit rarement, sinon jamais, de plateaux-repas disposés au pied des tableaux. C'est un métier bien mystérieux que la restauration de tableaux.

Vernissage (cocktail)
Si vous craignez que votre peinture laisse le public sur sa faim, prévoyez cacahuètes et petits fours pour qu'il tienne le coup.

Artiste anonyme, sa vie, son oeuvre

Jeudi 20 janvier 2011

Un artiste doit-il forcément se faire un nom ?

Que l'on soit un peintre sur vrai toile avec de la vraie peinture ; ou un conceptuel pur et dur défendant les avantages acquis du Duchampisme ; ou un prétendant à jouer dans la cour des grands, ceux pour qui l'art c'est aussi les dollars… Dans tous les cas, petits et grands, chacun cherche à se faire un nom. Pour subsister tant bien que mal ; pour la gloire et la fortune. Ou pour vivre en faisant ce qu'on a envie de faire tout simplement.

Chacun veut se faire un nom ? Pas tout à fait. Il est possible qu'il existe **des artistes qui créent pour créer, pas pour vendre, et même pas pour se faire connaître ou reconnaître. Des artistes qui créent comme on se nourrit pour ne pas mourir.**

Ça ne veut pas dire que chercher à vendre sa peinture, c'est dégoûtant. Mais on peut supposer que des gens créent comme d'autres méditent ou prient, et ne cherchent pas plus à se faire un nom ou vendre leur œuvres qu'un mystique ne met ses méditations sur le marché.

Et moi et moi et moi. Je suis un artiste. C'est moi qui l'ai fait. En 1917, Duchamp signe son fameux urinoir. En 1949, Yves Klein signe le ciel. De nombreux petits maîtres conceptuels ont signé des tas de trucs depuis. Par exemple, je lis dans Artension n°105 que Jean-Daniel Berclaz signe des points de vue. Une démarche assez poétique, par ailleurs. Justement, je rêve d'un renversement de point de vue : **au lieu qu'un artiste signe quelque chose qu'il n'a pas fait, qu'il ne signe pas quelque chose qu'il a fait.** Qu'il nous donne à voir une œuvre, en montrant ce courage surhumain à notre époque : le courage de se soustraire à ce désir universel d'être célèbre 15 minutes prophétisé par Warhol.

Le geste de Duchamp avait un sens dans son contexte : 1917, les gens raisonnables au pouvoir à cette époque envoyaient des milliers de jeunes gens à l'abattoir. La culture artistique classique qui faisait le vernis culturel de cette bonne société méritait bien cette pissotière. La bonne société d'aujourd'hui, celle des Pinault, Arnault, Gagosian, Koons, que mérite-t-elle ?

Déjà, elle s'arrache des reproductions de la pissotière à coups de dollars. On leur laisse. Mais le culte obsessionnel de la marchandise, de la marque, du pouvoir, qui caractérise cette « élite » de notre temps, n'est pas sans nous conditionner aussi à notre niveau. Et répéter non la forme, mais le fond du geste de Duchamp aujourd'hui, ne serait-ce pas **faire de l'art gratuitement, de l'art impossible à marchandiser, de l'art sans marque, donc sans signature.**

Curieusement, des artistes reconnus par les plus grandes institutions muséales s'attaquent déjà à une partie du problème, celui de la marchandisation : Tino Seghal (Guggenheim, New York, 2010) crée des performances pour lesquelles il refuse tout compte-rendu, ne laissant aucune trace matérielle de son action. Richard Wright (Turner Prize 2009) réalise des peintures directement sur les murs, qu'il efface à la fin de leur exposition. Andy Goldsworthy décrit ses processus de créations et chacun peut s'en inspirer. Avant eux, « Mondrian n'accordait pas de prix au système de l'œuvre unique, et pensait qu'un tableau pouvait exister à plusieurs exemplaires » (*Florence de Mèredieu, Histoire matérielle et immatérielle de l'art moderne, 1994.*) Vous aimez Mondrian : *do it yourself.*

Ces artistes posent la question de la non marchandisation, mais ils ne la résolvent pas : car Seghal, Wright ou Goldsworthy sont devenus des marques, et sont rémunérés comme tels. Leur nom est une valeur, soumise aux fluctuations du marché. Ça n'enlève rien à l'intérêt de leur démarche, mais ils laissent encore toute la place pour une remise à plat aussi radicale que celle tentée par Duchamp : **après avoir fait disparaître l'œuvre, faire disparaître l'artiste. Et réapparaître l'art.**

Deux artistes aujourd'hui vont dans ce sens : Banksy, JR. **On voit leurs œuvres partout, on ne les voit jamais.** Banksy installe ses grafs percutants en Palestine aussi bien qu'à Londres ou Los Angeles, ou accroche clandestinement des tableaux de sa main dans des grands musées comme la Tate Britain. JR, quant à lui, au lieu de dupliquer des Marylin, people et autres anonymes richement solvables, photographie des femmes du peuple en Asie, en Amérique latine, en Afrique, et travaille avec elles pour exposer leur portraits en formats gigantesques collés sur les murs, les toits, les trains, conquérant ainsi du pouvoir médiatique pour celles que les pouvoirs traditionnels ignorent. (voir son film « Women are heroes »). JR s'intéresse plus aux oubliés de l'histoire qu'à lui-même.

Bien sûr, tout cela peut constituer une simple stratégie pour trouver son créneau marketing. « J'utilise l'art pour contester l'ordre établi, mais peut-être que j'utilise simplement la contestation pour promouvoir mes œuvres » dit Banksy. Si lui, comme JR, se dissimulent, c'est aussi une technique éprouvée pour mieux se montrer.

Mais la recherche de la visibilité médiatique n'a pas toujours été un passage obligé pour tout artiste. Une cathédrale est une œuvre d'art incontestable. Pourtant, elle n'est pas signée en bas à droite. Si les érudits peuvent citer quelques-uns de ses bâtisseurs, **ce n'est pas leur nom qui fait la valeur de leur œuvre, mais l'œuvre elle-même.** Dans le domaine des arts premiers, beaucoup d'objets sont anonymes, sans que cela n'enlève rien à leur qualité. Pour les indiens Navajo, un seul mot, « holzo », signifie à la fois beauté et santé. Le mot « art » n'existe pas.

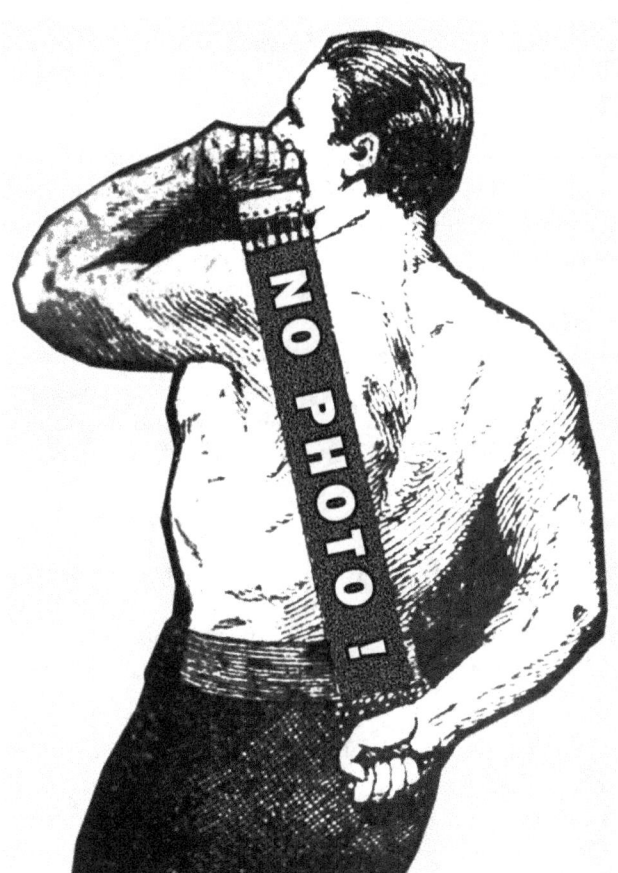

Quand les navajos peignent, ils prient ou ils soignent : c'est cela qui compte et leurs peintures de sable sont effacées après usage, comme pour d'autres raisons les mandalas tibétains. L'art Ndebele, avant d'être propulsé sur le marché par l'exposition « Les magiciens de la Terre » en 1989, est une pratique rituelle qui se transmet de femme en femme, où les compositions créées obéissent à une logique relationnelle autant qu'esthétique. Le point commun de ces formes d'art est qu'elles s'inscrivent dans des sociétés où la dimension économique passe après les dimensions spirituelles ou simplement humaines : l'artiste œuvre pour sa foi, ou pour sa communauté, et n'éprouve pas plus le besoin de signer son œuvre qu'on ne signe une prière, un soin ou une pratique sociale. Les auteurs de ces œuvres avaient sans doute des réputations variables selon leur talent (par exemple, Esther Mahlangu dans l'art Ndebele) mais leurs créations restées ou redevenues anonymes continuent d'exister par elles-mêmes.

A contrario, dans l'art moderne ou contemporain, beaucoup d'œuvres peineraient à se maintenir sans le système qui les soutient : sans juger de leurs qualités expressives, plastiques, et au final artistiques, enlevez leur signature et leur certificat d'authenticité à un monochrome, un Warhol, un Basquiat, un Buren, etc, et vous fichez par terre l'économie de cet art-là. Sina Najafi, auteur de « Dix lavements pour l'art contemporain », écrivait en 2009 : « Rendre anonyme toute œuvre et critique d'art. L'art changerait de façon aussi spectaculaire que l'interdiction d'héritage changerait le monde. »

Il ne s'agit même pas de contester la valeur artistique de tel ou tel, mais de s'interroger sur la place du nom, de la « marque », dans cette valeur. Le critique Pierre Stercks raconte : « Robert Rauschenberg s'installa en 1986 à une sortie de métro sur la Cinquième avenue en y présentant ses gouaches au prix de 10 $! Il n'en vendit pas une seule, alors que, chez Sonnabend, signées, elles en valaient à l'époque 10 000... »

Quel que soit le système, capitaliste, stalinien, tribal, ou théocratique, on trouve forcément d'authentiques créateurs. **Les artistes sont une engeance difficile à éliminer de la société humaine.** Mais la particularité de notre monde actuel, c'est qu'il favorise la visibilité du meilleur commercial, celui qui sait occuper le terrain médiatique, le terrain des relations d'affaire. L'artiste flamboyant aux scandales valorisants ; ou celui dont les œuvres chics et sobres intègrent parfaitement les codes du luxe. Mais l'artiste secret et patient, tourné vers l'intériorité ? L'artiste profond mais peu productif, impropre à tout *business plan* ?

Qui se sent capable d'être ou de défendre un tel artiste, capable aussi d'accepter le risque de se tromper ? Parce qu'on peut être méconnu... Et mériter de le rester. Pour authentifier la sincérité de notre relation à l'art, il faut pouvoir aimer une œuvre sans la sécurité de sa signature. Ou la créer en acceptant bravement le risque de découvrir trop tard qu'on est juste un honnête fabricant de tableau. En effet, quelles que soient les stratégies des uns et des autres, les vrais artistes dans un siècle ne sont pas si nombreux. Un arriviste cynique peut aussi être un génie, un inconnu vertueux se révéler malheureusement médiocre. Se faire un nom ? Oui, pour gagner sa vie. Faire une œuvre ? Objectif incertain sur le plan matériel, plus encore sur le plan artistique. C'est ce qui fait le prix de l'engagement de chacun.

Texte publié dans Artension n°107, mai juin 2011

Jeudi 12 mai 2011

L'art a un prix. Mais lequel ?

« Je peux vendre ça combien ? » C'est une question vraiment terre à terre, pas artistique pour deux sous, que les artistes sont pourtant amenés à se poser.

Comment se détermine le prix d'une œuvre ? Pourquoi un bout de toile avec de la couleur dessus peut faire 10 euros sur un marché aux puces, se vendre quelques centaines d'euros dans une exposition en mairie, quelques milliers dans une galerie, jusqu'à plusieurs millions chez Sotheby's ou Christie's ?

Evidemment, il ne s'agira pas des mêmes peintures, mais les chemins qui mènent aux unes ou aux autres sont si tortueux, truffés d'illusions, de calculs, de pièges, de bonnes surprises et de déconvenues, de hauts et de bas vertigineux, qu'il serait dommage de ne pas s'y intéresser.

Voilà, vous êtes artiste, avec un savoir-faire, une démarche, un imaginaire, et vous faites l'effort de sortir de chez vous pour chercher un lieu d'exposition. D'abord, d'où venez-vous ? Si vous êtes un français de la classe moyenne, ce n'est pas si difficile : les institutions publiques, mairies, centres culturels des bons quartiers, sont ravies de bénéficier d'animations à bon compte, où vous pouvez montrer votre travail et le vendre. Vos prix se caleront naturellement sur le niveau de vie du public touché. Si vous êtes en France, mais issu d'un milieu défavorisé, ignorant des lieux et codes de l'art contemporain, ce sera plus compliqué : seule la chance pourra vous faire rencontre l'amateur influent qui vous présentera à un public solvable. Si vous êtes un tchétchène, un zimbabwéen, ou tout autre habitant de la planète à des années-lumière du milieu de l'art, même si vous avez un don exceptionnel pour transformer en œuvres bouleversantes les matériaux qui vous passent entre les mains, il y a un risque que votre production qui fait l'étonnement émerveillé ou inquiet de vos proches… en reste là. Déjà, on peut supposer que la valeur marchande d'une œuvre dépend moins de celle-ci que du marché où elle est proposée.

Revenons en France, et admettons que, lecteur de cet ouvrage et donc pas tout à fait défavorisé, vous avez après quelques expositions fait le tour de votre public personnel. Vous vous tournez vers les organisateurs de salons. Vous découvrez qu'il en existe plusieurs sortes : ceux qui font porter leur effort sur la vente de stands, et qui acceptent après une sélection factice tout artiste qui paie sa place. Si le lieu est valorisant, votre travail se vendra néanmoins si c'est joliment fait et dans le goût de l'époque. Vous n'êtes pas là pour faire date dans l'histoire de l'art, mais pour vivre honnêtement de votre art, et voilà tout.

D'autres salons effectuent une sélection réelle, reconnue par le milieu professionnel. Là, vous pouvez espérer non seulement vendre, mais vous faire repérer par un vrai galeriste, qui ne fait pas juste de la location de murs, mais s'adresse à des amateurs avertis. Le prix de vos œuvres va évoluer selon différents paramètres : le plus déterminant étant le carnet d'adresses du galeriste. Celui qui a une clientèle de professions libérales, aisées mais pas milliardaires, ne fera pas monter vos œuvres au même prix que s'il s'appelait Gagosian. La cote du marchand détermine en premier lieu la cote du peintre.

Mais comment cette cote se détermine-t-elle ? C'est un processus complexe, où la qualité de l'art lui-même ne s'y retrouve pas forcément, mais où tous les ingrédients de la comédie humaine, le pouvoir et l'argent, les simples renvois d'ascenseur autant que la situation économique globale ont leur rôle à jouer.

De grands collectionneurs comme Pinault, Arnault, les milliardaires américains, chinois ou arabes, en mesure de créer des musées à eux seuls, sont d'abord grands par l'énormité de leurs moyens. On ne trouve dans leurs collections que des grands artistes, mais ces artistes sont aussi grands parce qu'ils figurent dans leurs collections. Pour être juste, certains le sont. Mais si j'expose un requin dans du formol au sein d'un Muséum d'histoire naturelle en province, sans la signature de Damien Hirst et sans l'appareil critique qui l'accompagne, ça vaut quoi ? Et les artistes chinois si cotés aujourd'hui le sont parce que la Chine abonde en grandes fortunes. Sous Mao, leur cote se serait comptées en années de camp de travail (l'arrestation et la mise au secret de Ai Weiwei montre que ce genre de cotation-là existe toujours, sans que les pétitions occidentales dérangent vraiment la vitalité du marché de l'art-business).

« L'art des affaires est l'étape qui suit les affaires de l'art » disait Warhol. Un Pinault ou un Arnault n'agissent pas seuls : ils sont entourés d'experts, de critiques, de conservateurs qui valident leurs choix. Non par complaisance, mais parce que la puissance d'un seigneur du business drape d'une autorité naturelle les choix esthétiques qui se forment par lui et autour de lui. On ne peut pas trouver d'artistes « ringards » dans ces hauts lieux, car la notion de ringardise ne peut affecter que ceux qui n'ont pas le pouvoir.

En fait chaque époque, et chaque milieu du plus prolétaire au plus huppé, du plus branché au plus plouc, génère son goût. Et le marché qui va avec. Le joli de bon ton comme le kitsch premier ou second degré, le spectaculaire, le scandale prévisible ou le chic minimaliste ont chacun leur public. Aujourd'hui, la tendance des œuvres ressemble à l'évolution économique : on trouve sur internet des petits formats originaux, bien faits, à des prix dérisoires pour le grand public des petits revenus ; des œuvres de taille moyenne pour les fortunes moyennes. Et au premier rang de la notoriété, des œuvres gigantesques pour des fortunes gigantesques. Ces œuvres-là se doivent d'être à la taille des institutions muséales qui en retour institutionnalisent leur valeur. Elles doivent aussi faire de l'audience par leur caractère spectaculaire, pour rentabiliser les musées. Enfin, elles servent de produit d'appel pour des déclinaisons d'œuvres dans un format plus raisonnable, avec un zéro de moins, pour les riches d'un rang inférieur, comme on trouve des Rolex à 20,000, ou à 200,000 euros.

Il est amusant alors de se rappeler certaines déclarations de Duchamp, si prisé des grands manitous de l'art contemporain : *« le goût d'une époque n'est pas l'art d'une époque »*. Ou : *« Le grand ennemi de l'art, c'est le bon goût »*. Et de mettre ces déclarations en regard des relations incestueuses entre l'art et le luxe aujourd'hui. Mais finalement, pourquoi accorde-t-on tant d'importance à la cote d'un artiste ? C'est une question d'argent, certes, mais pas que cela. Pour l'artiste d'abord, c'est la reconnaissance mesurable de son travail. Pour l'acheteur, c'est l'assurance de ne pas se tromper dans la valeur qu'il attribue à l'œuvre. Artiste connu ou inconnu, cadre moyen ou milliardaire, difficile de faire abstraction du jugement des autres.

Nous vivons aussi dans une société où la dimension économique prime sur tout le reste, et l'art n'y échappe pas. Sa valeur doit être mesurable en chiffres, et l'œuvre doit s'acheter et se vendre pour être reconnu en tant qu'art. D'ailleurs, en France le statut d'artiste s'obtient par le fait de vendre ses œuvres, pas seulement de les créer.

◆

Face à ce réalisme capitaliste parfois aussi pesant que le réalisme socialiste, on peut avoir envie de faire un pas de côté. Il y a tellement d'artistes, tellement de stratégies pour se faire connaître, pour se vendre, tellement de désir de reconnaissance partout qu'on ne s'entend plus crier « et moi, et moi et moi ».

Tiens, dans tous les stratagèmes pour se faire remarquer, peu d'artistes utilisent la décote ? Pourtant, si un grand nom de l'art contemporain se mettait tout à coup à brader ses œuvres, voilà qui constituerait un vrai beau scandale, plus fort que d'immerger un crucifix dans la pisse et le sang comme Serrano, ou autres provocations sans danger. Quel artiste vraiment sûr de lui, sûr de la force de son art, osera cette ultime transgression ?

Un artiste peut aussi avoir envie de se taire, de peindre en secret. *« Les grands artistes de demain resteront cachés »* (encore Duchamp !) Caprice d'enfant gâté de pays riche ? Pas seulement. *« On pourrait très bien dire que l'art n'est pas obligé d'honorer le concept de propriété. Qu'il n'est pas fait pour être possédé, mais simplement pour être. »* (John Updike)

On peut avoir aussi envie d'échanger avec le public, mais sur un mode différent : un siècle après les *Ready-made*, passer au *Do it yourself* comme l'artiste brésilien Vik Muniz qui entreprend des portraits géants de « catadores », réalisés avec leur aide et au moyen des ordures qu'ils trient, pour en faire des photos qu'il vend ensuite à leur profit (voir le film : Waste Land). À un journaliste qui lui demande : « et vous, vous n'avez pas besoin d'argent pour vivre ? » Il répond : « moi, la vente de mes photos me rapporte plus que ce dont j'ai besoin pour vivre. Les « catadores » m'ont apporté autre chose que de l'argent (…) j'ai trouvé mon rôle dans la société brésilienne. La philanthropie est une sublime expression de l'égocentrisme, ne soyons pas hypocrite ! Ça me fait me sentir important. »

Finalement, la cote d'un artiste comme Vik Muniz, a transformé l'argent produit par la vente de photos… en maisons et équipements de quartier pour les « catadores » : La force et la beauté de ses œuvres est allé jusqu'à embellir et fortifier la vie des personnes photographiées.

Cote d'amour ou cote boursière, un artiste a une valeur. Il peut avoir aussi des valeurs. Et c'est quoi l'important ? Ni l'une, ni les autres. Car ce qui fait l'art ne se trouve ni dans l'économie, ni dans le pouvoir, ni dans la morale. Mais dans l'art.

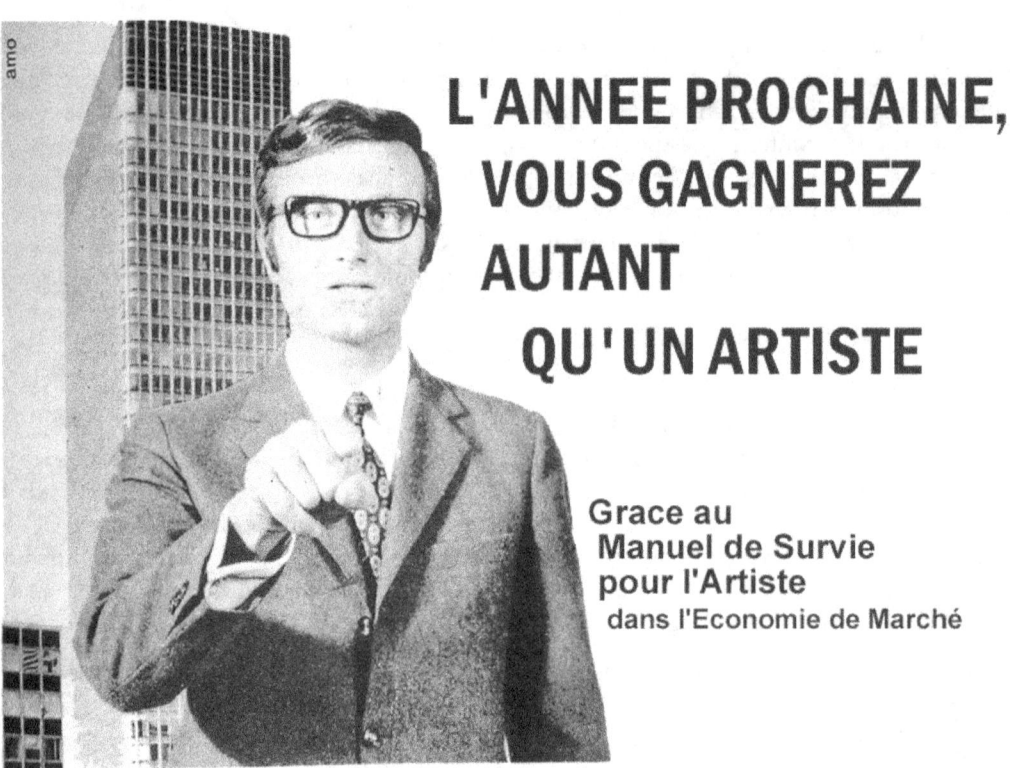

L'ANNEE PROCHAINE, VOUS GAGNEREZ AUTANT QU'UN ARTISTE

Grace au
Manuel de Survie
pour l'Artiste
dans l'Economie de Marché

UN MONDE NOUVEAU. Laissez-nous assurer notre avenir. AUCUN DIPLOME EXIGE. Renseignez-vous dés maintenant. Seule une FORTE ENVIE DE REUSSIR, doublée d'une solide volonté, vous est demandée.

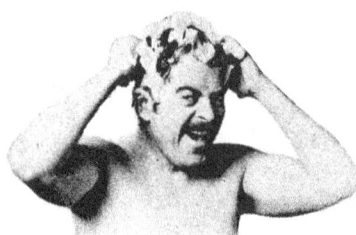

DEVENEZ UN AS DE LA VENTE

Réf. : V.S.K. 2007-10-19   39,5 M $

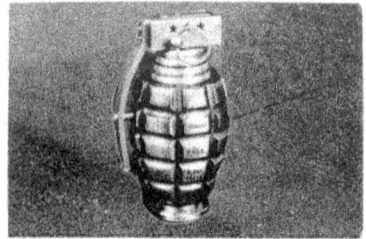

SEMEZ LA TERREUR AUTOUR DE VOUS avec cette reproduction fidèle d'une grenade de combat transformée en sculpture monumentale sous la verrière du Grand Palais. En métal massif à la patine naturelle, c'est une œuvre d'art de grande classe, coûteuse et originale. Régalez-vous des polémiques qui ne manqueront pas de surgir dans la presse artistique, voire nationale, à la vue de ce (presque) engin de mort !

Réf. : V.S.K. 2007-10-19   39,5 M $

ESSAI GRATUIT

Futur artiste
Dans quelques mois tu aimeras aller à ton atelier

Pour beaucoup de monde, le premier avantage d'être un artiste, c'est d'avoir un métier sûr et bien considéré. De plus, la vie d'artiste a son bon côté et dès le début on y gagne gentiment sa vie.

D'UNE FAÇON GÉNÉRALE, pour apprendre l'art au niveau du marché, on demande d'aimer un peu les chiffres, d'avoir une certaine maturité d'esprit et une instruction de base au moins égale à celle d'une ménagère de moins de cinquante ans.

SI C'EST VOTRE CAS, alors quelques mois vous suffiront pour apprendre l'artabilité telle qu'on la pratique partout en France. Sitôt après, vous entrerez comme professionnel dans les services artistiques de n'importe quelle entreprise.

AYEZ DONC CONFIANCE EN VOUS et renseignez-vous auprès des Écoles spécialisées dans cet enseignement. Si finalement c'est avec nous que vous désirez étudier l'art, vous l'apprendrez avec le Manuel de Survie pour l'Artiste qui depuis ces cent dernières années est diffusé, par correspondance, en cinq langues et dans seize pays.

Au fond, on est bien tous les mêmes : on veut apprendre un métier avec des méthodes jeunes, faciles à comprendre et faciles à retenir.

DÉCIDEZ VITE, LES AUTRES AGISSENT. L'artabilité est une profession de mieux en mieux payée. Partout on emploie des artistes et dans quelques mois vous serez professionnel, c'est-à-dire : Aide-artiste, puis automatiquement artiste 1er échelon quelques mois après. Profitez-en si vous le pouvez en retournant dès aujourd'hui le coupon ci-dessous.

Manuel de Survie pour l'Artiste
dans l'Economie de Marché

Il n'y a pas meilleure école que celle qui se spécialise dans une matière

---

COUPON à découper (ou recopier) et à retourner simplement à
Manuel de Survie pour l'Artiste dans l'Economie de Marché
Veuillez m'envoyer une provision de sentiments humains sincères et désintéressés, par exemple

NOM

Adresse

---

envoyer le coupon à : Manuel de Survie pour l'Artiste dans l'Economie de Marché
Yves Desvaux Veeska
23 rue Pasteur 92250 La Garenne-Colombes (France)

Biographie expresse

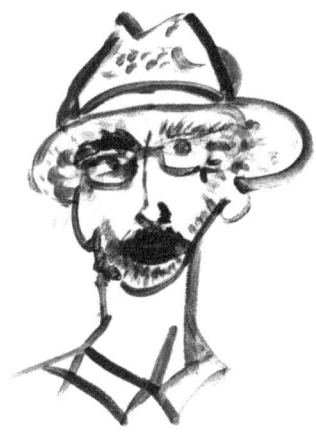

Je nais à Paris l'hiver 1954. Il fait froid. Très vite, et pour me réchauffer, je commence une belle carrière d'élève sérieux et travailleur. Mais, rencontrant l'adolescence peu après mai 68, je rentre finalement en première année d'artiste autodidacte en réussissant brillamment l'absence de concours pour cette formation (que je poursuis toujours quelques décennies ans plus tard), et je me mets à produire des textes, des bandes dessinées, des illustrations, des petits journaux.

En 1974 je participe à la fondation solennelle, dans une grande maison en ruine quelque part en Corrèze, d'une communauté « Chpeuneuneu » comme son nom l'indique. Après une dizaine d'années de vie communautaire jalonnée d'œuvres d'art injustement oubliées mais pas toujours, la communauté Chpeuneuneu se dissoussout et je reviens sur Paris en 1985.

Là, je peins, j'expose, j'écris, je publie, j'enseigne, étant de plus et la plupart du temps mon propre marchand, secrétaire, manutentionnaire, etc., tout ça pour le même prix.

L'artiste que je m'efforce d'être rencontre régulièrement Marcel Duchamp dans des bibliothèques et des musées. Un jour que je suis en train de contempler un urinoir dans les toilettes du Centre Pompidou, il m'apparaît en songe et me confie la mission de dépasser le ready-made en mettant au point le do-it-yourself. Avec sa bénédiction, je décide de transmettre les secrets de l'art contemporain dans des cours et des stages que j'organise moi-même. Le contenu de cet enseignement, textes, images et improvisations avec mes élèves, est de pure fantaisie mais semble intéresser suffisamment de monde pour valoir le déplacement.

Ces portraits ont été réalisés à plusieurs mains par différentes personnes se succédant une petite minute devant le modèle. Chacune avait pour mission de dessiner un détail du visage. Les détails étaient énumérés et réalisés dans le désordre.
Je ne sais pas si on me reconnaît, mais moi, je me reconnais.

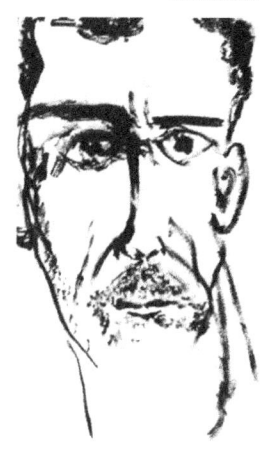

En 1993, je publie le livre « Peindre en liberté ». Puis de 1995 à 2015, je collabore avec le bimestriel Artistes, et il m'arrive d'écrire dans Artension. Je compose surtout des ouvrages confidentiels que j'édite à partir d'1 exemplaire voire plus : Peindre en liberté n°2, Le Petit Dictionnaire Qui N'a Pas Peur Des Gros, Citations etc., Manuel de survie pour l'Artiste, L'Encyclopédia Veeska, Exercices spirituels… D'autres bouquins sont en projet, et envisagent de rester à l'état de projet pour préserver la forêt amazonienne de tout risque de best-seller. Pour compenser, je diffuse gracieusement quelques textes et images sur la Toile entre deux peintures sur toile.

En novembre 2002, j'ouvre le site internet peindre-en-liberte.fr, puis début 2010, les blogs peindre-en-liberte.net et veeska.com. Là, j'expose non seulement mes peintures et celles de mes élèves, mais aussi des idées de peintures, des textes, des photos, des mélanges peinture et photo, des informations, tout un fourbi qui tend à devenir un musée imaginaire : c'est « la Fondation Veeska », installée sur l'Ile de Pré Britenne, glorieuse entreprise artistique de peintre, auteur, artiste multimédia adepte de la marche à pied et de bien d'autres choses indescriptibles ici.

Les années passent, c'est une vieille habitude, mais pourtant je ne sais toujours pas de quoi demain sera fait. Mais si vous non plus, on pourra peut-être s'y retrouver ?

Trente ans après le début de l'écriture de ces textes. Au temps de la machine à écrire, quand il n'y avait ni internet, ni réseaux sociaux.

Douze ans après la première publication de cet ouvrage. Huit ans après sa dernière édition.

Il faut y ajouter un post-scriptum : c'est très bon la plupart des choses qui sont écrites là. Et drôle, et instructif. Cela dit en toute objectivité. Mais il y a juste un truc à déplorer. C'est cette forme d'égoïsme insupportable de l'auteur.

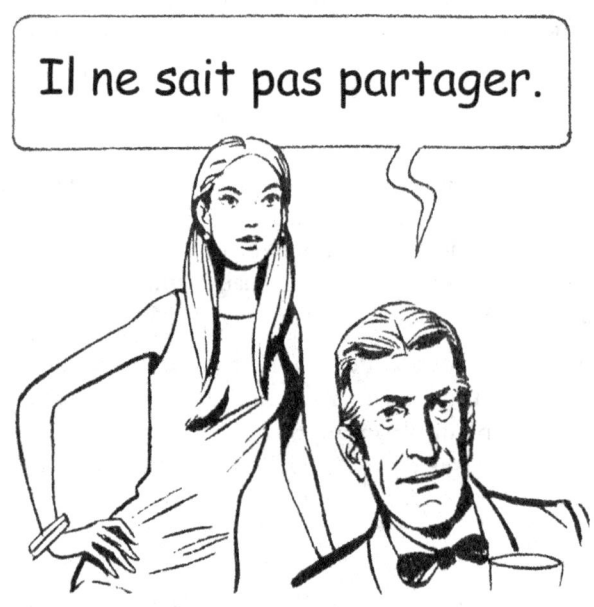

Il ne sait pas partager.

Il ne fait vraiment pas beaucoup d'efforts pour signaler l'existence de ce « Manuel de Survie pour l'Artiste » autour de lui. Si vous lisez ces lignes, c'est que vous avez entre les mains cet ouvrage à la fois vintage, confidentiel et de référence : ne le lâchez plus.